Rafael Cadavid

Kolumbien unzensiert

Cadavid, Rafael

Kolumbien unzensiert

ISBN: 978-3-941482-83-8

Auflage: 1
Erscheinungsjahr: 2010
Erscheinungsort: Bremen, Deutschland

© Europäischer Hochschulverlag GmbH & Co KG, Fahrenheitstr. 1, 28359 Bremen (www.ehv-online.com). Alle Rechte beim Verlag und bei den jeweiligen Lizenzgebern.

Rafael Cadavid

Kolumbien unzensiert

Kolumbien unzensiert

Vorliegendes Buch erzählt die Geschichte der kolumbianischen Mafia und analysiert dabei ohne Zensur die Politik und Gesellschaft des südamerikanischen Landes, am Beispiel Medellin. Der Autor beleuchtet nicht nur die Entwicklungen der kolumbianischen Drogenkartelle, Guerillabewegungen und paramilitärischen Verbände, sondern stellt darüber hinaus auch deren Verbindungen zu anderen Staaten dar. Aufgezeigt wird insbesondere auch das Versagen der Politiker bei der Bekämpfung eines Konflikts, der in Wahrheit nicht mehr zu lösen ist.

Inhaltsverzeichnis

Einleitung	1
Ohne Nachfrage kein Markt	2
Entstehung und Aufstieg der kolumbianischen Drogenmafia	3
Der Drogenkrieg in Kolumbien	11
Miami im Dunstkreis des Medellin Kartells	22
Die Geldwäsche in Miami	26
Verräter im Medellin-Kartell	28
Der Contra-Krieg als Auslöser für die Zerschlagung des Medellin-Kartells	30
Barry Seal – die USA als Geschäftspartner des Medellin-Kartells?	33
Die kolumbianische Drogenmafia nach Pablo Escobar	36
Die kolumbianische Smaragdmafia	40
Die kolumbianischen Guerillaverbände	45
Der Aufstieg der Paramilitärs in Kolumbien	53
Die illegalen kolumbianischen Verbände im geschichtlichen Kontext	63
Die Situation in Medellin nach Pablo Escobar	66
Die weiteren Entwicklungen in Medellin	78
Das Zentrum von Medellin	83
Die Randgruppen in Medellin	87
Ein neuer Krieg in Medellin	91
Die neuen Capos in Kolumbien	96
Paramilitärs und FARC-Guerilla im Drogenhandel	102
Die Routen der kolumbianischen Drogenhändler	104
Die Situation in Mexiko	112
Kolumbien und Israel	118
Kolumbien und die USA	121
Kolumbien und Venezuela – eine geschichtlich gewachsene Feindschaft	126
Kolumbien und Deutschland	129
Alvaro Uribe – „El Patron"	131
Juan Manuel Santos – der neue kolumbianische Präsident	146
Die Zukunft Kolumbiens und Strategien zur Eindämmung des Drogenhandels	151

Einleitung

Die 1970er Jahre – aufkommendes Discofieber, schrille Mode, Hippies und eine Droge, welche die Anfänge dieses Jahrzehnts prägte: Marihuana.

Im Medellin der frühen 70er Jahre spürten die Bewohner zunächst jedoch noch nichts von diesen Entwicklungen, die in den „Industriestaaten" vor sich gingen. Man lebte in friedlicher Atmosphäre und erfreute sich eines Klimas des ewigen Frühlings. Die Männer waren geschäftstüchtige Unternehmer und Kaufleute, – Textil war die primäre Handelsware – während sich die frommen Frauen vornehmlich karitativen Veranstaltungen und der Blumenkunst widmeten. Kurzum – es tat sich nicht viel in der Stadt. Die Discotheken waren leer, die Kirchen hingegen gut besucht.

Mit eintretender Landflucht der Bauern aus den Provinzen entstanden jedoch zunehmend Risse in der soeben beschriebenen Idylle. Als die Bauern ihre erbärmlichen Unterkünfte errichteten, begann sich ein Gürtel der Armut um die Stadt zu ziehen – die so genannten „Barrios" waren entstanden, bevölkert von Menschen der Unterklasse, die für ein paar Pesos zu kaufen waren und derer sich später die Mafia für ihre kriminellen Machenschaften bedienen sollte.

Ohne Nachfrage kein Markt

Um die Entwicklung des internationalen Drogenhandels verstehen zu können, wirft man am besten einen Blick auf die 1960er Jahre und jenes Ereignis, das den USA ihre militärischen Grenzen zeigte – den Vietnamkrieg. Die größtenteils aus der amerikanischen Unterklasse stammenden Soldaten waren in dem in Südostasien liegenden Vietnam in einem Gebiet eingesetzt, wo es seit jeher jede Menge Drogen gab. Die Folgen dieses reichen Angebotes ließen daher nicht lange auf sich warten. Im Jahre 1968 rauchten bereits 70 % der US-Soldaten Marihuana sowie konsumierte ein nur etwas geringer Prozentsatz der Kämpfer Heroin, bzw. Opium.

Doch befand sich nicht das gesamte Amerika im Kriegstaumel. Parallel zu den Kriegswirren in Asien war in Kalifornien die so genannte Hippie-Bewegung entstanden, die sich für ein gewaltfreies Miteinander, freie Sexualität sowie den Konsum von Drogen (vornehmlich LSD und Marihuana) einsetzte.

Nach den biederen 1950er Jahren mit ihren „heile Welt"-Familien war damit die amerikanische Gesellschaft auf einen Schlag verändert. Der illegale Markt für Marihuana hatte seine Pforten auf amerikanischem Staatsgebiet eröffnet, wobei dessen Belieferung zunächst ausschließlich von Mexiko bewerkstelligt wurde.

Heimkehrende Soldaten und Hippies, die zwar aus völlig unterschiedlichen Gründen zur Droge griffen, waren zu Nachfragern geworden, die auch bedient werden wollten. Es wäre natürlich überzogen zu behaupten, Vietnam alleine sei die Ursache des modernen Drogenhandels gewesen, allerdings ist es nicht verfehlt, diesen Krieg zumindest als Katalysator zu sehen, der den Drogenhandel und –konsum, in einer sich neu formierenden amerikanischen Gesellschaft, verstärkte und damit den Grundstein für jene soziologischen Veränderungen legte, die mit einer gewissen zeitlichen Verzögerung auch auf dem europäischen Kontinent stattfanden.

Entstehung und Aufstieg der kolumbianischen Drogenmafia

Ebenso wie in Mexiko, das bereits den amerikanischen Markt mit Marihuana belieferte, war das grüne Kraut auch in Kolumbien ein wichtiges Handelsgut.

Vor allem an der kolumbianischen Atlantikküste entwickelte sich in den 1960er Jahren ein regionales Vertriebsnetz, das fest in Händen der so genannten „Guajiros" war – einem Indianerstamm, der auch heute noch die Halbinsel Guajira im äußersten Nordosten des Landes bevölkert und bei dem schon einst Henri Charrière („Papillon") eine angenehme Zeit verbrachte.

Mit dem Marihuanahandel brachten es die „Guajiros" relativ rasch zu Reichtum, den sie wie alle Neureichen durch exzentrisches Verhalten, Goldschmuck und teure Autos auffällig zur Schau stellten.

„In meine Stadt kommen mir keine Guajiros" war daher die sofortige Reaktion des damaligen Bürgermeisters von Cartagena auf diese ersten Banden von Drogenhändlern, die versuchten, auch in der Kolonialstadt Fuß zu fassen.

Obwohl man die „Guajiros" als Vorreiter der kolumbianischen Drogenmafia sehen kann, war deren Wirkungsbereich noch eher limitiert. Der Handel mit Marihuana beschränkte sich nämlich hauptsächlich auf den regionalen Bereich. Ein Export in die USA fand zunächst noch nicht-, bzw. nur vereinzelt statt. Das begann sich jedoch schrittweise zu ändern.

Ausgangspunkt der weiteren Entwicklungen war ein bisher friedlich dahin schlummerndes, zentral gelegenes kolumbianisches Städtchen mit dem Namen Medellin. Ein kleiner Ganove, der sich zunächst seinen Lebensunterhalt mit dem Diebstahl von Grabsteinen und Autos verdiente, begann nach und nach in Erscheinung zu treten – sein Name: *Pablo Escobar Gaviria*.

So entführte und ermordete Escobar bereits im Jahre 1971 einen Großindustriellen und begann wohl schon zu jener Zeit die Einträglichkeit des Drogengeschäftes wahrzunehmen. Escobar stieg daher bereits im Jahre 1975, nachdem er den bisherigen und auch ersten Drogenboss von Medellin, *Fabio Restrepo*, ermordet hatte, in den zu diesem Zeitpunkt schon internationalisierten Handel von Marihuana ein.

Obwohl die frühen 1970er Jahre als das Zeitalter des Marihuanas gesehen werden, wurde auch schon dazumal Kokain in die USA importiert. So betrieb etwa *Benjamin Herrera Zuleta*, „El Papa Negro de la Cocaina", eines der ersten Kokainlabors in Chile nahe der Grenze zu Peru und Bolivien.

Escobar „erlernte" die Wissenschaft des Drogenhandels zwar von seinem Bruder, entwickelte sich jedoch innerhalb der Bande aufgrund seiner Skrupellosigkeit sehr rasch zu einer Führungsperson.

Nach dem Mord an Fabio Restrepo ging daher alles relativ schnell:

Escobar bemerkte schon bald, dass der Handel mit Marihuana nicht einträglich genug war und reiste darum nach Peru, um dort Kokapaste (eine Vorstufe von Kokain) zu erstehen und selbige an kolumbianische Händler, die bereits vereinzelt im Kokaingeschäft agierten, weiter zu verkaufen. Schon nach den ersten Deals begann der ehemalige Kleinganove Macht und das große Geld zu riechen und wollte daher so rasch wie möglich aus dieser Zuliefererposition heraus und eine eigene Organisation aufziehen, die das gesamte Geschäft von der Produktion bis zum Vertrieb monopolartig kontrollieren sollte.

Um dieses Projekt realisieren zu können, benötigte er allerdings Mitstreiter. Gonzalo Gacha, Carlos Lehder, die drei Ochoa-Brüder (Jorge Luis, Fabio und Juan David) sowie Escobar, dessen Bruder Roberto und ein Cousin setzten sich daher zusammen, um ihre gemeinsamen Ziele zu diskutieren. Diese Personen sollten in der Folge die Köpfe des so genannten Medellin-Kartells werden.

Gonzalo Gacha, aufgrund seiner Vorliebe für mexikanische Musik und Kultur auch „El Mexicano" genannt, war ein armer Bauer und Analphabet gewesen, bevor er zu einem der reichsten Männer seiner Zeit wurde. Gacha kam ursprünglich aus dem Smaragdgeschäft und war in der neu gegründeten Drogenorganisation für die interne Sicherheit sowie die Erschließung neuer Routen verantwortlich. Sein unermesslicher Reichtum führte dazu, dass ein Großteil der Schüler seiner Heimatstadt Pacho die Schule verließ, um in seiner Organisation – genannt „die Firma" – Geld zu verdienen. Wie alle Capos war auch Gacha ein Freund der Prostituierten, die er auf seinen ausschweifenden Festen reich beschenkte.

Seine Gelder investierte er hauptsächlich in Ländereien, – so gehörten ihm etwa der fruchtbarste Teil das rechten Flussufers am Rio Magdalena – zahllose „Fincas" mit Zuchtpferden sowie in ein Firmengeflecht aus an die hundert landwirtschaftlichen Gesellschaften. Der Capo verfügte daneben über prallgefüllte Konten in Luxemburg, der Schweiz und Österreich.

Ebenso wie Escobar und Lehder hatte auch Gacha bei seinen kriminellen Machenschaften Rückendeckung aus seiner Heimatstadt. Geldgeschenke, die Errichtung von Spitälern, an die 2000 Häuser und Fußballstadien machten ihn bis zu seinem gewaltsamen Tod im Jahre 1989 zu einem Helden für die örtliche Bevölkerung, die ihren „Patron" in einer Mischung aus Angst, aber auch Bewunderung, verehrte und beschützte.

Carlos Lehder, dessen Vater ein Deutscher war, agierte als einer der Kokain-Hauptverteiler der Organisation. Während eines Gefängnisaufenthaltes in den USA wegen Schmuggels von Marihuana lernte er George Jung kennen, dessen Version in dem Kinofilm „Blow" erzählt wurde. Nachdem beide den Kokainhandel aufgezogen hatten und bereits über ein Flugzeug verfügten, trennten sich allerdings ihre Wege. Für Jung blieb lediglich eine kleine Nebenroute, während Lehder die Bahamas-Insel Norman's Cay unter seine Kontrolle brachte und so zum wichtigsten Bindeglied zwischen Kolumbien und den USA wurde. Die Flugzeuge aus Kolumbien konnten ungestört auf Lehders Refugium landen um aufzutanken, bzw. wurde die Ware auf Schiffe umgeladen und nach Florida versendet. Bis zu 300kg Kokain konnten auf diese Weise pro Stunde abgefertigt werden.

Carlos Lehder wurde 1987 an die USA ausgeliefert und zu einer Gefängnisstrafe von 135 Jahren verurteilt. Über sein weiteres Schicksal gehen die Meinungen auseinander. Die offizielle Version ist, dass sich Lehder weiterhin in Haft befindet. Daneben wird die nicht bestätigte Auffassung vertreten, er habe aufgrund seiner Zeugenaussage gegen Manuel Noriega die Freiheit erlangt (der panamesische General Noriega war ein wichtiger Geschäftspartner des Medellin-Kartells. Neben Geldwäsche soll er auch die Genehmigung zur Errichtung von Kokainlabors auf panamesischem Staatsgebiet erteilt- sowie eine Gebühr für jedes Kilo Kokain eingehoben haben, das von Kolumbien, durch Panama lief. Noriega wurde kürzlich von den USA an Frankreich überstellt, wo er eine weitere Haftstrafe verbüßen soll).

Der kultivierte *Ochoa Clan* bestand im Wesentlichen aus Jorge Luis, Fabio und Juan David, die unter der Schirmherrschaft ihres Vaters, Fabio Ochoa sen., agierten. Die Ochoas gingen dabei allerdings wesentlich subtiler vor, als die aus einfachen Verhältnissen stammenden Escobar und Gacha. So konnte Fabio Ochoa sen. offiziell niemals eine Verbindung mit dem Drogengeschäft nachgewiesen werden. Er galt vielmehr stets als ein angesehener Großgrundbesitzer, der über eine der weltweit besten Pferdezuchten verfügte.

Inoffiziell wurde Ochoa sen. aber auch anders beschrieben. Tatsächlich soll er es gewesen sein, der im Hintergrund die Fäden im Drogengeschäft zog und nebenbei auch als einflussreicher „Testaferro" (Strohmann) wirkte.

In dem bei der Mafia überaus beliebten Strohmann-Modell werden an angesehene Gesellschaftsmitglieder hohe Geldbeträge aus dem Drogenhandel überwiesen, die der „Testaferro" in eigenem Namen in legale Geschäfte (z.B. den Kauf von Ländereien, Gebäudekonstruktionen etc...) investiert.

Im Gegensatz zu Ochoa sen., dessen Involvierung in den Drogenhandel stets nebulos blieb, waren seine Söhne als Mafiosi der Oberklasse bekannt, was ihnen letztendlich auch zum Verhängnis wurde und dazu führte, dass alle drei Brüder ins Gefängnis kamen.

Während sich Jorge Luis und Juan David geschickt aus der Affäre zogen und nach einem Deal mit der kolumbianischen Regierung ihre Haftstrafe bereits verbüßt haben, wurde Fabio jun. aufgrund seiner weiteren Tätigkeit im Drogenhandel im Jahre 2003 zu einer 30 jährigen Haftstrafe in den USA verurteilt.

Nach dem Zusammenschluss der eben genannten Personen stand einer Gründung der von Escobar angestrebten, monopolartigen Kokain-Organisation somit nichts mehr im Wege. Das Medellin-Kartell war geboren, wobei dieser Begriff von den Capos im Übrigen selbst nicht verwendet wurde, sondern vielmehr eine Wortkreation der DEA (Drug Enforcement Administration, amerikanische Drogenbekämpfungseinheit) war. Tatsächlich handelte es sich nämlich bei dem „Kartell" um selbständige Organisationen, die in den verschiedenen Teilbereichen des Drogenhandels (etwa der Produktion oder der Aufteilung der Routen) zusammenarbeiteten.

Wie schon erwähnt war es allerdings das erklärte Ziel, eine Monopolisierung des Kokainhandels zu erreichen, um so den maximalen Gewinn zu erzielen. Dazu mussten in einem ersten Schritt eigene Labors errichtet werden, in denen der Rohstoff in das begehrte Endprodukt umgewandelt werden konnte. Im südkolumbianischen Department Caquetá wurde daher ein Megalabor mit dem Namen „Tranquilandia" aufgebaut, wo in der Folge Tonnen an Kokain für den Export produziert werden konnten.

Die Geschäfte liefen aufgrund der enormen Gewinnspannen hervorragend: Die Capos verdienten unvorstellbare Summen und selbst Piloten konnten pro Transportflug bis zu eine Million Dollar machen. In Medellin profitierten aber auch ganze Wirtschaftszweige, die an sich nichts mit dem Drogenhandel zu tun hatten, von der plötzlich erschlossenen Geldquelle. So „boomte" etwa die Bauindustrie, welche die Möglichkeit bot, relativ unkompliziert Drogengelder rein zu waschen. Sämtliche alte Kolonialgebäude wurden daher im Zuge der Investitionen abgerissen und durch moderne Hochhäuser ersetzt. Darüber hinaus entstand eine Unzahl an Shoppingcentern, wobei die darin befindlichen Lokale auch heute noch als Geldwaschanlagen genutzt werden.

Die mafiöse Geschäftetreiberei und der ausschweifende Lebensstil der Ganoven selbst ließen allerdings auch das allgemeine Preisniveau der Stadt steigen – Luxusartikel (wie etwa teure Autos) fanden parallel dazu reißenden Absatz.

Die Capos führten ein Leben in Reichtum und wurden von der Mehrzahl ihrer armen Landsleute bewundert und verehrt – getreu dem Motto, einer von ihnen hatte es geschafft! Geld, Machteinfluss und die Tatsache, jede Frau bekommen zu können, waren jene Parameter, die auch den jungen „Barrio-Bewohner" faszinierten und dazu führten, dass immer mehr Personen in den Drogenhandel einsteigen wollten.

Was das weibliche Geschlecht betrifft, waren sowohl Escobar als auch Lehder besonders den jungen Mädchen sehr zugetan. So war Escobars Frau gerade 15 Jahre alt geworden, als sie der Capo heiratete. Die Feste auf den luxuriösen „Fincas" waren orgiastisch. Prostituierte wurden gut bezahlt, aber auch erniedrigt und gelegentlich getötet.

Ein 15-jähriges Mädchen wurde von Escobar dabei erwischt, wie sie ein goldenes Tischbesteck stahl. Escobar band ihr die Arme zusammen und warf sie vor versammelter Gesellschaft in den Pool. „Wer mich bestiehlt, erleidet das gleiche Schicksal" sollen seine Worte gewesen sein.

Während es sich der Mafioso erlaubte ein „Hijueputa" (Hurensohn) zu sein, musste sich seine Frau wie eine Heilige verhalten und durfte keinesfalls von einem Ganoven zu einem anderen wechseln. Der männliche „Paisa" (Bewohner von Medellin) ist aber oft nicht nur ein Macho, sondern auch ein immens eifersüchtiger, geldgieriger, komplexbeladener, hinterhältiger, unehrlicher, kleiner, nicht selten hässlicher und ständig untreuer Mann, der, zynischen Bemerkungen einiger Frauen zufolge, über eine zu kurz geratene Männlichkeit verfügt.

Pablo Escobar, der sich bis zu seinem Tod ausschließlich mit blutjungen Mädchen vergnügte, dürfte dieser Beschreibung wohl zur Gänze entsprochen haben...

Aber auch die großzügigen Geschenke, die der „Patron" an die Armen seiner Stadt verteilte, – Lehder und Gacha agierten, wie bereits erwähnt, auf gleiche Weise – waren alles andere als uneigennützige Taten, sondern ausschließlich dazu gedacht, die eigene Sicherheit und Rückendeckung zu erkaufen sowie das Ego durch den zur Schau gestellten Reichtum aufzuwerten – kurzum, ehrenwerte Motive steckten dahinter mit Sicherheit nicht.

Ein illegaler Wirtschaftszweig wie das Kokaingeschäft kann aber nur dann dauerhaft funktionieren, wenn auch der Staat mitspielt. Der lukrative Drogenhandel, der als Verbrechen immer nur in Verbindung mit anderen Delikten begangen werden kann (Erpressung, Bestechung bis hin zu Mord), zog daher seit jeher auch Politiker sowie die Exekutive in seinen Bann.

So war etwa die *Familie Uribe* ursprünglich keinesfalls wohlhabend. Der Vater, Alberto, kam jedoch aufgrund seiner Tätigkeit als „Testaferro" – Ochoa sen., Gacha und Escobar zählten zu seinen persönlichen Freunden – zunehmend in den Besitz von Ländereien, „Fincas" und teuren Zuchtpferden. Es war daher auch nicht weiter verwunderlich, dass Alberto gemeinsam mit dem diskreten Mafioso Ochoa sen. eine Schule in Robledo (Stadtteil in Medellin) gründete, wo beide Väter ihre Söhne studieren ließen.

Im Jahre 1983 wurde der „geschäftstüchtige" Alberto Uribe allerdings ermordet. Die offizielle Version besagt, dass ihn die FARC-Guerrilla auf dem Gewissen hat. Als reicher Großgrundbesitzer und der skrupellosen Methode an Land zu geraten, konnte man tatsächlich schnell ins Visier der linken Rebellen geraten:

Nicht selten wurde (und wird) die bäuerliche Bevölkerung nämlich bei den „Landannektierungen" von ihrem Grund und Boden vertrieben und „nötigenfalls" auch umgebracht, um das geraubte Land als Geldwaschanlagen, für Kokafelder sowie die Errichtung von Labors zu nutzen.

Inoffiziell wird aber auch vermutet, dass die Drogenmafia selbst hinter dem Attentat steckte, da Alberto selbige in einem Geschäft betrogen haben soll.

Wie auch immer es gewesen sein mag, Tatsache ist, dass Albertos Sohn, Álvaro, in einem Hubschrauber, der Pablo Escobar gehörte, am Todesort seines Vaters erschien...

Der aus den Fußstapfen seines Vaters tretende Sohn hatte zu diesem Zeitpunkt nämlich bereits beste Kontakte zur Drogenmafia. So konnte er bis zu Albertos Tod als Direktor der „Agencia de la Aeronáutica Civil" (zivile Luftfahrtbehörde), bei welcher er Fluglizenzen für die Drogenbosse ausstellte, die diese für ihre Schmuggelflüge benötigten sowie als Bürgermeister von Medellin wertvolle Erfahrungen sammeln, bevor er schließlich sogar Präsident des Landes werden sollte...

Álvaro Uribe war damit nur ein Beispiel dafür, dass das Kartell bereits den Großteil der Politik, Exekutive und Beamtenschaft infiltriert hatte, damit die Drogengeschäfte reibungslos über die Bühne gehen konnten. So verwunderte es auch keineswegs, dass selbst Zollbeamten ohne weiteres zu Dollarmillionären werden konnten, wenn sie den von der Drogenmafia gewünschten Befehl gaben, bestimmte Flugzeuge und Schiffe einfach nicht zu kontrollieren.

Allerdings hatte das Kartell auch Probleme, die bewältigt werden mussten. Die Guerilla Organisation, M-19, die zu dieser Zeit am stärksten in den Städten vertreten war, entführte im Jahre 1981 Fabio Ochoa Seniors Tochter. Die Capos beschlossen daraufhin eine private Armee zu errichten, die in der Folge mehr als 2000 ihrer besten Männer umfassen sollte. Eine narco-paramilitärische Organisation mit dem Namen MAS (Muerte a Secuestradores, Tod den Entführern) war somit geschaffen. Die neu gegründete Organisation zeigte auch sofort Stärke und entführte 25 Personen, die dem Kommandanten der M-19 Guerilla sehr nahe standen, worauf Ochoas Tochter ohne die Bezahlung eines Lösegeldes freikam.

Abgesehen von solchen kleineren Störungen funktionierte das immer mächtiger werdende Kartell allerdings ausgezeichnet. Escobars Gesetz, „Plata o Plomo" (Geld oder Blei), zeigte nun auch in der Politik und bei der Exekutive seine Wirkung. Wer sich nicht bestechen ließ, wurde umgebracht.

Escobar ging daher sogar einen Schritt weiter und versuchte, selbst in der Politik Fuß zu fassen. Mit großzügigen Spenden, der Errichtung von Häusern und Fußballplätzen sowie Geldgeschenken an die Armen, sicherte er sich die nötigen Stimmen aus der Bevölkerung. Unterstützt wurde seine Kampagne von seinem Freund Álvaro Uribe, der zu jener Zeit Bürgermeister von Medellin war. Der Capo erlangte so in der Folge tatsächlich einen Sitz im kolumbianischen Repräsentantenhaus und sah sich im Jahre 1982 am Höhepunkt seiner „Karriere".

Doch ist das Drogengeschäft ein schnelllebiges Business. Man kommt zwar binnen kürzester Zeit zu Reichtum und Macht, stürzt aber meistens ebenso rasch wieder ab oder findet den Tod. Auch Escobar bekam das am eigenen Leib spüren. So beschuldigte der damalige Justizminister, *Rodrigo Lara Bonilla*, den Capo bereits nur wenige Monate nach dessen Einstieg in die Politik öffentlich des Drogenhandels.

Neben diesen unangenehmen Anschuldigungen machte Escobar aber auch ein Vorfall aus der Vergangenheit zu schaffen. In den 1970er Jahren wurde der aus Ecuador kommende, damals noch kleine Drogenhändler, mit 39 Kilo Kokainpaste festgenommen. Nachdem er den zuständigen Richter bedroht hatte, kam er jedoch rasch wieder auf freien Fuß. Ein Jahr später ließ er die für seine Festnahme verantwortlichen Beamten ermorden. Dem seit damals gegen den Capo bestehenden Haftbefehl wurde nun im Jahre 1983 neue Geltung verliehen, mit der Folge, dass Escobar seine politische Immunität verlor.

Aber auch des Capos Privatleben – Escobar war stolzer Eigentümer eines privaten Zoos – sollte nicht verschont bleiben. Nach Verhängung einer Zollstrafe aufgrund illegalen Imports exotischer Tiere, – auf seinem Grundstück tummelten sich Nilpferde, Giraffen und Elefanten – wurden über 80 Tiere beschlagnahmt.

Nach diesen Angriffen auf Escobar schlitterte nun auch die Organisation selbst in Schwierigkeiten. So wurde etwa im Jahre 1984 das Megalabor „Tranquilandia" zerstört und dabei ein interessantes Detail zum Vorschein gebracht. Im Zuge der Untersuchungen vor Ort entdeckte man einen Hubschrauber, der auf den Namen Álberto Uribe registriert war...

Die Vernichtung des riesigen Labors führte sogar kurzfristig zu einem Engpass am Kokainmarkt. Kokain war inzwischen in den USA zur Modedroge schlechthin geworden. In den 1980er Jahren erfolgte die Belieferung des amerikanischen Marktes nahezu ausschließlich durch das Medellin-Kartell.

Escobar war angeschlagen und wütend. Das bekam zunächst Justizminister Bonilla zu spüren. Der Politiker, der dem Capo jede Menge Probleme bereitet hatte, wurde ermordet. Mit Bonillas Tod im Jahre 1984 wurde in Kolumbien eine Periode eingeleitet, die mit dem Begriff „Narco-Terrorismus" umschrieben werden kann.

Der Drogenkrieg in Kolumbien

Nach der Ermordung des Justizministers erklärte der damalige Präsident Kolumbiens, Belisario Betancur, der Mafia den Krieg und stellte die Weichen für eine Auslieferung der Mafiosi in die USA. Dies war den Capos verständlicherweise ein Dorn im Auge. Der Spruch „lieber ein Grab in Kolumbien als eine Zelle in den USA" stammte aus jener Zeit.

Unter der theatralischen Bezeichnung „die Auslieferbaren" begannen daher die Capos, die sich als Justizopfer sahen, mit der Aufrüstung zum Kampf gegen den Staat. Während sich die Ochoas weitgehend von den Kampfhandlungen distanzierten, waren Escobar und Gacha die Auftraggeber zahlloser Morde: Richter, die mit der Wiederaufnahme der Delikte Escobars aus den 70er Jahren befasst waren; Richter, die die Auslieferungen bearbeiteten; Militärs, die an der Zerstörung von „Tranquilandia" beteiligt waren; Zeitungsherausgeber, Politiker, aber auch zahllose Zivilisten fanden sich unter den Personen, die von den über das ganze Land verteilten Bomben getötet wurden.

Darüber hinaus setzte die Mafia auch jede Menge „Sicarios" (Auftragsmörder) ein. Israelische und britische Söldner wurden vor allem vom Sicherheitschef der Organisation, Gonzalo Gacha, angeworben und brachten ihr Wissen den Mitgliedern des Kartells nahe. Da aber ein Söldner dorthin geht, wo er das meiste Geld verdient, wechselten einige der „wertvollen Ausländer" die Seiten und heuerten beim konkurrierenden Cali-Kartell an, das durch die Schwächung des Medellin-Kartells allmählich aufgekommen war (im späteren Krieg zwischen der Mafia aus Cali und jener aus Medellin hatten abtrünnige, britische Söldner sogar den Auftrag, Gacha und Escobar zu töten, was jedoch nicht gelang).

Neben ausländischen Söldnern bediente sich das Kartell allerdings auch den aus armen Verhältnissen stammenden Jugendlichen der „Barrios", die ebenfalls als „Sicarios" eingesetzt wurden. Geld, ein Motorrad und nützliche Geräte für den Haushalt der Familie machten aus jungen Menschen skrupellose Killer, die auf Motorrädern ihre Opfer suchten und fanden. Trainiert wurde, vor den Einsätzen, auf einer der luxuriösen „Fincas" der Capos. Der künftige Killer saß als Sozius auf der Maschine und perfektionierte seine Schießkünste, indem er auf Hühner schoss. Abends durften die potentiellen Mörder gemeinsam mit ihren Bossen ausschweifende Feste, mit reichlich Alkohol, Drogen und Prostituierten feiern. Dass diese „Helden", deren Ziel es war, innerhalb der Organisation aufzusteigen, kein hohes Alter erreichten, lag jedoch auf der Hand. Nicht selten wurden sie nach einem ausgeführten Mord von einem ihrer

„Kollegen" getötet, um nicht als Zeuge in Frage zu kommen und so die Organisation zu gefährden.

Der Krieg, den das Kartell gegen den Staat führte, verschlang jedoch auch Unsummen an Geldern, weshalb eine dringende Stärkung der Finanzen von Nöten war. Um die Einnahmen zu erhöhen, gründete Escobar bereits im Jahre 1983 das so genannten „Oficina Envigado". Ursprünglich war das „Oficina" ein Gebäude in der zu Medellin gehörigen Gemeinde Envigado, in dem die Mafiosi sämtlicher illegaler Bereiche zusammentrafen. Jede Organisation musste an den Capo eine exakt festgelegte Steuer abliefern. Drogenhändler, Glücksspielbetreiber, Bordellchefs, illegale Benzinhändler – alle mussten so ihren Beitrag an Escobars Organisation leisten, wollten sie nicht Gefahr laufen, getötet zu werden.

Das „Oficina" existiert heute noch, ist aber kein physisches Gebäude mehr, sondern als eine Art Vertrag zu sehen, durch den die illegalen Geschäfte zwischen den Bandenchefs aufgeteilt werden. Derjenige Mafioso, der das „Oficina" kontrolliert, gilt als der Boss der Stadt, der gleichzeitig einige der wichtigsten Drogenrouten des Landes kontrolliert. Dort, wo einst das „Oficina" war, befindet sich heute im Übrigen die örtliche Staatsanwaltschaft...

Die Kämpfe zwischen Staat und Kartell tobten weiter und machten Medellin zu der gefährlichsten Stadt der Welt, mit an die 7.000 Morde pro Jahr.

So hatte auch die Bevölkerung ab Mitte der 1980er kein einfaches Leben. Sobald es dunkel wurde, verkrochen sich die Menschen in ihren Häusern und Wohnungen. Auch die Geschäftsleute hatten Probleme. Sie mussten oft an bis zu drei verschiedene Gruppen Schutzgeld bezahlen. Neben der Drogenmafia kassierte auch die Polizei und private Sicherheitstruppen, die so genannte „Vacuna". Wer nicht bezahlte, wurde einmal verwarnt, zahlte er dann immer noch nicht, kam ein „Sicario", der das „Problem" löste. Die kolumbianische Mafia agierte in dieser Hinsicht nicht gerade intelligent. Mit dem Tod des Erpressungsopfers versiegte nämlich auch die Einnamequelle!

Generell betrachtet kam das offizielle Geschäftsleben in Medellin durch diesen Zustand der Gesetzlosigkeit nahezu vollständig zum Erliegen. Viele Geschäftsleute verließen darum zu jener Zeit die Stadt und versuchten, anderswo Fuß zu fassen.

Escobar war ein von Rache zerfressener Mann, der um jeden Preis Vergeltung suchte. Wer sich ihm in den Weg stellte, wurde beseitigt – wer sich nicht so verhielt, wie er es für richtig hielt, ebenso. Dass er sich mit einem solchen Verhalten nicht nur Freunde machte, liegt auf der Hand.

Sein kompromissloses Vorgehen im Krieg gegen den Staat schwächte aber auch die Organisation selbst. Das Drogengeschäft begann unter Escobars Rachefeldzug zu leiden, was, wie bereits erwähnt, dazu führte, dass ein anderes Kartell still und heimlich immer stärker Fuß fassen konnte – die Ära des Cali Kartells begann anzulaufen.

Diese Organisation rund um die Brüder *Gilberto und Miguel Orejuela* agierte wesentlich diskreter und verzichtete im Gegensatz zu Escobar und Gacha bewusst auf ein Aufsehen erregendes „Robin Hood-Image". Das Motto der Mafiosi aus Cali lautete daher „nicht töten, sondern kaufen"‘. Das Kartell infiltrierte die gesamte Politik und konnte so relativ unscheinbar und nahezu gewaltfrei seine Geschäfte ausüben. Auch die Art und Weise, wie die Drogengelder in den beiden Städten gewaschen wurden, unterschied die beiden Kartelle voneinander. Während das Medellin-Kartell die illegal erworbenen Banknoten vornehmlich in den Bausektor investierte, war es in Cali die Gesundheitsbranche, die gesponsert wurde. Wer sich heute wundert, warum es in Kolumbien so viele Apotheken gibt, sollte wissen, dass diese noch immer praktizierte Art Geld zu waschen auf die Orejuelas zurückging, die mit ihrer Apothekenkette „Drogas La Rebaja" Drogengelder in „saubere" Pesos umwandelten.

Wer waren nun diese Orejuelas, die dem Medellin-Kartell zunehmend Konkurrenz machten? Gilberto wird nachgesagt, durch die Entführung eines Botschaftssekretärs und des Sohnes des schweizerischen Botschafters zu Geld gekommen zu sein. Dieser so gewonnene Geldbetrag vermehrte sich in der Folge rasch, da Gilberto bereits Mitte der 1970er Jahre in Holz eingearbeitetes Kokain via Buenaventura (kolumbianische Hafenstadt am Pazifik) in die USA verschiffte, wo die heiße Fracht von diversen Scheinfirmen übernommen wurde.

Miguel Orejuela verdingte sich hingegen zunächst als Student und Verkäufer, bevor er sich seinem Bruder anschloss und so zu einem wichtigen Mann im Drogengeschäft wurde.

Als nach der Zerschlagung des Medellin-Kartells auch jenes in Cali ins Visier der Exekutive kam, bedeutete das jedoch auch für die „kultivierten" Orejuelas das Ende. Die beiden Brüder wurden im Jahre 2006 an die USA ausgeliefert.

Was führte nun zum Krieg zwischen dem Kartell in Cali und jenem in Medellin? Ausgangspunkt dieser blutigen Fehde war ein zwischenmenschliches Problem zweier Mafiosi. Ein Drogenhändler des Cali-

Kartells hatte ein Verhältnis mit der Frau eines Bandenchefs des Medellin-Kartells. Als der gehörnte Ehemann davon erfuhr, tötete er den Kontrahenten. Ein solches Verhalten war unter den Mafiosi durchaus akzeptiert, da es gegen den Ehrenkodex der Mafia verstieß, sich mit der Frau eines „Kollegen" einzulassen. Mit dem Tod des Rivalen sollte daher der gekränkte Stolz des gedemütigten Ehemanns gesühnt werden. Escobar, der Boss des gehörnten Ehemanns, gab sich jedoch mit der bloßen Tötung nicht zufrieden und verlangte zusätzlich die Auslieferung des Vorgesetzten des Ermordeten, um die Sache endgültig vergessen zu können. Dieser Vorgesetzte war ein Spezialist der Geldwäsche innerhalb des Cali-Kartells, den Escobar mit diesem Manöver vermutlich für seine Organisation gewinnen wollte. Die Orejuelas waren jedoch nicht dazu bereit, sich diesen für ihre Organisation so wichtigen Mann abwerben zu lassen. Kannte man Escobars Charakter, so waren die Konsequenzen dieser Weigerung absehbar. Die beiden Kartelle begannen einander zu bekriegen und zündeten in der Folge zahllose Bomben in der Stadt des jeweils anderen.

Das Medellin-Kartell war somit bereits in zwei Kriege verwickelt – doch damit nicht genug. Zu den Auseinandersetzungen mit dem Staat und dem Cali-Kartell kamen auch Probleme mit der kolumbianischen Guerilla, die der Mafia zunehmend Schwierigkeiten bereitete.

Um einen Gegenpol zu diesen linken Guerillabewegungen zu schaffen, bestand jedoch bereits die nötige Infrastruktur. Schon lange vor der Zeit der Drogenmafia hatten sich so genannte paramilitärische Verbände formiert, die von ins Visier der Guerilla geratenen „kapitalistischen" Großgrundbesitzern gegründet worden waren, um sich so vor Angriffen der linken Rebellen zu schützen. Nun erkannten auch die Drogenbosse den Wert solcher oftmals durch ausländische Söldner geschulten Kämpfer und begannen mit einzelnen paramilitärischen Verbänden zu kooperieren, indem sie selbige zur Bewachung ihrer Labors, Plantagen und „Fincas" einsetzten. Darüber hinaus gründete die Drogenmafia aber, wie bereits erwähnt, auch ihre eigenen narco-paramilitärischen Einheiten (etwa die Gruppe „Tod den Entführern", MAS), mit der sich die Capos vor Entführungen ihrer Familienangehörigen schützen wollten.

Aufgrund des Naheverhältnisses zwischen der Drogenmafia und bereits etablierter paramilitärischer Verbände war auch jener Verband der *Brüder Castaño* (Fidel, Carlos und Vicente) mit Gonzalo Gacha, dem Sicherheitschef des Medellin-Kartells, verbunden. Die Castaño-Brüder hatten ihre Einheit gegründet, nachdem die FARC-Guerilla ihren Vater entführt und getötet hatte. In ihren darauf folgenden Rachefeldzügen ermordeten die Brüder nicht nur Guerilleros, sondern auch Bauern, Lehrer und Gewerkschaftsmitglieder, die mit der Guerilla zwar nichts zu tun hatten, aber nach Ansicht der Brüder linkes Gedankengut verbreiteten.

Neben der Gefahr von Entführung konnte die Guerilla allerdings auch aus einem anderen Grund eine Bedrohung für die Drogenmafia darstellen. Wie schon erwähnt, verfügten die Drogenbosse über zahllose „Fincas" mit den besten Rinder- und Pferdezuchten sowie über riesige Ländereien, die nicht selten der Bevölkerung abgepresst worden waren. So konnte etwa Gonzalo Gacha ein ganzes Flussufer samt den fruchtbaren Böden am Rio Magdalena sein Eigen nennen. Escobar stand dem nicht nach und war stolzer Eigentümer der Ländereien auf der anderen Seite des Flusses. Diese, in den Augen der Guerilla, ungerechte Gebietsausweitung musste somit zwangsweise zu Konflikten zwischen der Drogenmafia und den linken Rebellen führen. Damit waren auch die Narcos ebenso wie die Großgrundbesitzer auf den Schutz der paramilitärischen Verbände angewiesen, die zu jener Zeit noch als Splittergruppen über das gesamte Land verstreut agierten, was sich jedoch später ändern sollte.

Die Drogenmafia und Guerilla waren einander allerdings nicht nur feindlich gesinnt. Immer wieder kam es auch schon damals zu Allianzen im Drogenhandel – so belieferte die Guerilla nicht selten die Drogenlabors der Capos mit Koka, das die Bauern in den von den Rebellen kontrollierten Gegenden anbauen mussten.

Kooperationen zwischen den beiden Kontrahenten erfolgten aber auch, wenn ein gemeinsames Vorgehen gegen den kolumbianischen Staat für notwendig erachtet wurde. Obwohl das Verhältnis zwischen dem Medellin-Kartell und der M-19 Guerilla denkbar schlecht war, nachdem die Rebellen die Tochter Fabio Ochoas sen. 1982 entführt hatten – die Narcos konnten das Mädchen durch die für diesen Anlassfall eigens gegründete narco-paramilitärische Gruppierung, MAS, befreien – hinderte das Escobar im Jahre 1985 nicht daran, der M-19 Guerilla den Auftrag zu erteilen, den Justizpalast in Bogotá zu stürmen. Bei dieser Aktion, durch die Escobar den Staat entscheidend schwächen wollte, kamen insgesamt 55 Menschen ums Leben.

Neben dem Krieg gegen den kolumbianischen Staat und das Cali-Kartell sowie Auseinandersetzungen mit der Guerilla, begannen sich darüber hinaus auch die Amerikaner in den in Kolumbien tobenden Konflikt einzumischen. Einige Autoren behaupten, die Amerikaner wollten Escobar zur Strecke bringen, nachdem dieser im Jahre 1989, unter der Regie des Sicherheitschefs Gacha, ein ziviles Flugzeug in die Luft sprengen lassen hatte, in dem sich auch zwei Amerikaner befanden.

Wahrscheinlicher ist allerdings die Version, dass die USA Escobar ins Visier nahmen, weil dieser Drogengeschäfte mit der sandinistischen Links-Regierung in Nicaragua eingefädelt hatte und dadurch in den Augen der USA deren Pläne untergrub, die verhasste, kommunistische Regierung in jenem mittelamerikanischen Land zu stürzen. Wie auch immer es gewesen sein mag, das Ergebnis war, dass das Medellin-Kartell einen weiteren Feind hatte, der die Capos zunehmend in die Enge trieb und zur sukzessiven Auflösung der Organisation beitragen sollte.

In der Folge wurde Carlos Ledher als erster Capo im Jahre 1987 an die USA ausgeliefert. Zwei Jahre später folgte die Ermordung Gonzalo Gachas.

Auch Escobar geriet nun zunehmend unter Druck – er hatte sich durch seine brutale Vorgehensweise viele Feinde gemacht und wusste genau, dass er in höchster Gefahr war.

Was daraufhin folgte, kann daher nur als brillanter Schachzug des Capos gesehen werden. Escobar ließ durch den Priester *Rafael Garcia Herreros* verlautbaren, dass er bereit wäre, sich zu stellen, wenn ihm die Regierung zusicherte, nicht in die USA ausgeliefert zu werden.

Wie viele andere Mafiosi auch, war der Capo ein sehr katholischer Mensch und unterstützte die Kirche mit großzügigen Geldspenden. Dabei lag ihm der Priester Herreros besonders am Herzen, dem er sogar die nötigen Gelder für eine eigene Fernsehshow („Un Minuto de Dios") zur Verfügung gestellt hatte.

Generell war (und ist) die katholische Kirche seit den Zeiten des Medellin-Kartells mit der Mafia verbunden. „Geld stinkt eben nicht" und ließ die selbsternannten Hüter der Moral ungeniert das Händchen aufhalten. So war in der Kirche San Judas in Medellins Stadtteil Castilla der Mittwoch für die „Sicarios" reserviert, die sich voller Andacht ihre Waffen für den nächsten Mord segnen ließen und dabei um Gottes Beistand beteten. Gegen ein kleines Extrageld waren die katholischen Würdenträger auch gerne dazu bereit, die Luxuskarossen der Mafiosi mit Gottes Schutz zu versehen, bzw. die Erstkommunionen und Hochzeiten für die spendablen Mitglieder der kirchlichen Gemeinschaft zu arrangieren. Die Spenden flossen in Strömen und nicht selten wurden Gelder durch kirchliche Strohmänner selbst oder via Kirchenbazare rein gewaschen.

Nachdem die kolumbianische Politik Escobars Vorschlag zugewilligt hatte, wurden die Auslieferungsgesetze aufgehoben und der Capo konnte im Jahre 1992 gemeinsam mit neun seiner engsten Vertrauten sein feudales Privatgefängnis mit dem klingenden Namen „La Catedral" beziehen. Escobar befand sich nun offiziell in der Obhut des Staates, konnte allerdings weiterhin völlig ungehindert seinen Geschäften nachgehen. Geschäftspartner gingen ein und aus, Feste wurden veranstaltet – der Capo hatte das „Oficina Envigado" nach wie vor unter seiner Kontrolle.

In der Folge unterlief dem populärsten Häftling der Nation jedoch ein strategischer Fehler. Ein Mitarbeiter Escobars informierte seinen Chef, dass er einen Geldbetrag von 20 Millionen Dollar entdeckt hatte und er selbigen stehlen wolle. Das Geld gehörte den *Gebrüdern Moncada und Galeano*, die beide eine bedeutende Organisation innerhalb des Medellin-Kartells leiteten. Wie alle anderen Banden mussten auch jene der Moncadas (Gerardo und William) und Galeanos (Fernando und Mario) an Escobars „Oficina" Abgaben leisten. Obwohl diese beiden Gruppierungen bisher als treue Teilorganisationen gegolten hatten, gab Escobar dennoch sein Einverständnis den Geldbetrag zu annektieren.

Der von Escobars Mitarbeiter aufgespürte Schatz wurde zwar von zwei Damen bewacht, das jedoch weiter kein Problem darstellte, da eine der Frauen ein Verhältnis mit einem der Diebe hatte. Escobars Männer konnten daher ohne Schwierigkeiten die Banknoten an sich nehmen.

Als die Galeanos bei Escobar vorstellig wurden, um den Verbleib ihres Geldes zu reklamieren, machte Escobar rasch deutlich, was er davon hielt. Sofort folgten die ersten Morde und versetzten sämtliche Mitglieder der beiden Clans in Angst und Schrecken. In der Folge verschwanden immer wieder Personen, bzw. wurden deren grausam verstümmelte Leichen aufgefunden.

Warum Escobar nun auch innerhalb seiner Organisation einen Krieg begann, hatte mehrere Gründe. Zum einen brauchte er Geld, weshalb er auf 20 Millionen Dollar nicht verzichten wollte. Zum anderen waren ihm die Moncadas und Galeanos zu mächtig geworden. Escobar duldete keine Konkurrenz, jeder musste sich ihm in allen Belangen unterordnen. Darüber hinaus hatte er den Verdacht, dass ihn die beiden Banden übervorteilen wollten, indem sie mit dem versteckten Geldbetrag die Beitragsleistungen an das „Oficina" boykottierten.

Als Escobar auch noch erfahren musste, dass die beiden Clans möglicherweise in Verbindung mit dem Cali-Kartell gestanden waren, fühlte er sich seiner Ansicht nach gezwungen zu handeln. Diplomatisches Aushandeln von Problemen zählte nämlich nicht zu des Capos Stärken und stellt im Übrigen eine generelle Schwäche der kolumbianischen Mafiosi mit ihrer Cowboy-Mentalität dar. Es wird schnell geschossen und erst danach – wenn überhaupt – gedacht.

Der Capo begann nun die beiden Organisationen der Moncadas und Galeanos sukzessive zu zerstören und sämtliche Gelder, Flugzeuge und Boote der Banden zu annektieren.

Mit diesem Vorgehen hatte Escobar jedoch den Bogen überspannt und wurde zunehmend isoliert, da auch ein Teil seiner Mitstreiter bereits tot (Gacha, 1989) oder ausgeliefert (Lehder, 1987) war. Neben dem Krieg gegen den Staat und das Cali-Kartell, der ihm immer größere finanzielle Probleme bereitete, war es daher sein skrupelloses Vorgehen gegen ehemalige Verbündete, das ihm nun auch jede Menge Feinde innerhalb der Organisation bringen sollte.

Darüber hinaus machten sich auch die USA immer stärker bemerkbar. Die amerikanische Regierung versuchte mit Geldbeträgen, politischem Asyl und dem nötigen Schutz, Mitglieder aus der Organisation herauszulocken, um so an Informationen über Escobar zu gelangen.

Nachdem schon Carlos Lehder gegen Escobar ausgesagt hatte, waren es nun die verbleibenden Familienmitglieder der Moncadas und Galeanos, die mit den USA einen Deal einfädelten und gegen die Ausstellung von amerikanischen Aufenthaltspapieren ihr Wissen preisgaben.

Doch damit nicht genug. Auch die mit dem Capo verbundenen paramilitärischen Gruppen, wie etwa jene der Brüder Castaño, begannen sich, wie bereits angedeutet, zunehmend von Escobar, nach dessen skrupellosem Vorgehen gegen Mitglieder der eigenen Organisation, zu distanzieren.

Das Drogengeschäft kennt eben keine Ehre. Wer seine Haut nur irgendwie retten kann, verrät alles, worüber er Bescheid weiß. Erkennt die Meute darüber hinaus eine Schwäche, wird aus ehemals loyalen Gefolgsleuten ein Feind, der nur danach trachtet, das lukrative Geschäft selbst übernehmen zu können...

Im Zuge dieser für Escobar wenig erfreulichen Entwicklungen trat in Medellin eine neue Figur in Erscheinung: *Diego Fernando Murillo alias Don Berna*. Der Lebenslauf dieses aufkommenden Mannes zeigt, dass politische Ideologien in den Auseinandersetzungen zwischen den am Drogenhandel beteiligten Kontrahenten schon damals keine Rolle mehr spielten. Vielmehr ging es ausschließlich um Drogen, Machterlangung und politische Einflussnahme.

Don Berna startete seine Karriere in den frühen 1980er Jahren als Mitglied der „Estrella Roja", einem Ableger der im Department Antioquia und später ausschließlich in der Hauptstadt Medellin tätigen Guerillaorganisation EPL (Ejército Popular de Liberación). Diese linken Rebellen entführten eines Tages einen wohlhabenden Freund der Galeanos. Don Berna, der an dem Coup beteiligt war, sah wohl seine Chance gekommen, sich neue, einflussreiche Freunde zu machen und ließ den Entführten frei. Die Galeanos waren beeindruckt von diesem Verhalten und nahmen ihn in ihre Bande auf, wo er rasch zum Sicherheitschef der Organisation aufstieg. Weniger erfreut darüber waren allerdings Don Bernas ehemalige Kampfgenossen der „Estrella Roja", die versuchten, den Verräter zu töten. Don Berna wurde von 17 Kugeln getroffen, überlebte jedoch das Attentat.

Aus dem ehemaligen Guerillero wurde nun, nachdem Escobar die Führungspersonen der Galeanos und Moncadas ermorden lassen hatte, ein einflussreicher Drogenboss. Strategisch brillant, erkannte er die fortschreitende Schwächung Escobars und blieb daher den beiden Familien treu, obwohl ihn der Capo auf seine Seite ziehen wollte. Nicht ganz uneigennützig half er daher auch den von Escobar verfolgten, überlebenden Familienmitgliedern der Moncadas und Galeanos bei ihrem Deal mit den USA und konnte so, nach deren Außerlandesbringung, die gesamte Organisation übernehmen.

Um Escobars Truppe oder, besser gesagt, um das, das von ihr noch übrig geblieben war, stand es zu jenem Zeitpunkt hingegen nicht mehr gut. Der strauchelnde Capo musste zunehmend akzeptieren, dass andere Gruppierungen seine Drogenrouten übernahmen und keine Abgaben mehr an ihn leisteten. Als auch noch der Staat seine Verlegung von seinem Privatgefängnis in eine öffentliche Anstalt anordnete, blieb ihm nur ein Ausweg – er musste fliehen. Nachdem seine Männer die beiden Personen, die seine Verlegung ausführen sollten, als Geiseln genommen hatten, konnte Escobar im Juli 1992 ungestört seine luxuriöse Haftanstalt verlassen, um in Medellin unterzutauchen – seine staatlichen Bewacher, die um das Gefängnis postiert waren, waren ohnehin bestochen gewesen.

Escobar geriet allerdings nach der wieder erlangten Freiheit immer stärker unter Druck. Bereits zwei Monate nach seiner Flucht, im August 1992, wurde eine Organisation gegründet, deren Auftrag die systematische Zerstörung Pablo Escobars, seiner Strukturen und Vermögenswerte war.

Der Name dieser Todesschwadronen: „Los PEPES" (Perseguidos por Pablo Escobar – Pablo Escobars Verfolger).

Als Gründer dieser paramilitärischen Gruppierung werden folgende Personen genannt: die Brüder Castaño, die sich gegen Escobar verschworen, nachdem dieser begonnen hatte, die Galeanos und Moncadas zu ermorden; Don Berna, der aufkommende neue starke Mann im

Drogengeschäft und die Brüder Orejuela, die sich bereits mit Escobar im Krieg befanden und darum finanzielle Mittel für die Jagd auf ihn bereitstellten.

Don Berna und die Castaños hatten nun eine klare Strategie vor Augen. Sie wollten Escobar endgültig vernichten, um selbst den Drogenhandel übernehmen zu können. Mit der Gründung der „Los PEPES" konnten sie dieses Ziel völlig legal verfolgen und wurden dabei auch noch von den Amerikanern sowie der kolumbianischen Exekutive unterstützt.

Was nun folgte, war ein grausamer Rachefeldzug, in dem man versuchte, den strauchelnden Capo mit seinen eigenen Waffen zu schlagen. Mitglieder seiner Organisation, Freunde, Verwandte, aber auch seine Anwälte wurden reihenweise umgebracht – Liegenschaften und Wertgegenstände (wie etwa die Autosammlung) des Capos wurden zerstört. Der Plan war es, mit gezielten Attacken Escobar zu verärgern und so zu Fehlern zu zwingen.

Wie bereits erwähnt, wurden die Todesschwadronen der „Los PEPES" von der kolumbianischen Polizei und Armee unterstützt, indem die Planung der Morde zwischen Don Berna, den Castaños und den Orejuelas einerseits sowie der kolumbianischen Exekutive andererseits, gemeinsam abgesprochen wurden. Wenn man den USA auch keine Morde durch ihre Agenten nachweisen konnte, so waren selbige zumindest in sämtliche Operationen eingeweiht. Darüber hinaus stellten die USA die notwendigen technischen Geräte zur Aufspürung des Staatsfeindes Nummer eins zur Verfügung.

Schon damals waren somit die Bereiche zwischen Recht und Unrecht äußerst verschwommen.

So galt etwa ein Polizeikommandant namens *Danilo Gonzales* als führender Kopf bei der Jagd auf den Capo. Der Kommandant wurde für seine Verdienste von den USA ausgezeichnet und aufgrund seiner „Kompetenz" in der Folge auch mit der Zerschlagung des Cali-Kartells beauftragt. Im Zuge seiner verdienstvollen Tätigkeiten begann sich jedoch die Gesinnung des ehrenwerten Polizeioffiziers zu wandeln. Er wechselte die Seiten und wurde zu einem der Gründer eines neuen Drogenkartells – dem Kartell Norte del Valle. Der Mafia-Polizist wurde im Jahre 2004 erschossen.

Während der Jagd auf Escobar glich Medellin einer Stadt im einst Wilden Westen. Attentate, Autobomben und Schusswechsel standen an der Tagesordnung. Ecobars Männer auf der einen Seite und der kolumbianische Staat mit den „Los PEPES" auf der anderen Seite bekämpften einander bis aufs Blut und ließen die Stadt in einer Welle der Gewalt versinken.

Escobar setzte ein Kopfgeld auf jeden erschossenen Polizisten aus. Hunderte Beamten wurden getötet – allerdings nicht nur von Escobars „Sicarios". Die schlecht bezahlten Polizisten, die nahezu alle korrupt waren (und noch immer sind) ermordeten oftmals ihre eigenen Kollegen, um die begehrte Prämie zu kassieren...

Das Spiel der Gewalt war ein Schmutziges. So scheuten die „Los PEPES" etwa nicht davor zurück, Bomben zu zünden und Escobar dafür verantwortlich zu machen. Eine Strategie, die im Übrigen auch in anderen, so genannten zivilisierten Ländern angewendet wird, um die Bevölkerung stärker zu verängstigen und so den Feind besser dämonisieren zu können...

Die Strategie von Escobars Kontrahenten schien allerdings aufzugehen und ließ die „Los PEPES" allmählich die Oberhand gewinnen. Die Todesschwadronen mit staatlicher Rückendeckung zogen ihre blutige Spur immer tiefer in des Capos Organisation. Niemand, der nur in irgendeiner Weise mit dem Kartell verbunden war, konnte sich seines Lebens sicher sein. So zum Beispiel wurde ein Anwalt und dessen Sohn entführt, gefoltert und getötet – erst danach stellte sich heraus, dass der Jurist nicht mehr für Escobar tätig war.

Am 2. Dezember 1993 war es schließlich so weit. Escobar konnte nach einer Telefonüberwachung ausfindig gemacht werden. Ob der Capo von den „Los PEPES" oder von der Polizei erschossen wurde oder gar Selbstmord beging, ist allgemein strittig. In Medellin wird sogar von einigen Romantikern die Theorie vertreten, dass Pablo Escobar noch am Leben sei...

Wie auch immer es gewesen sein mag, sein Grab in Medellin hat der „Patron de Verdad" jedenfalls bekommen – „mejor una tumba colombiana que una cárcel en los Estados Unidos" (lieber ein Grab in Kolumbien als eine Zelle in den USA) – und kaum war sein Leichnam unter der Erde, wurde der Capo in Kolumbien auch schon zum Mythos und Vorbild einer neuen Generation von „Barrio-Bewohnern".

Miami im Dunstkreis des Medellin Kartells

Ebenso wie Medellin war auch das Miami der frühen 1970er Jahre ein eher verschlafenes Städtchen, in dem Pensionisten ihren Lebensabend verbrachten. Diese Idylle begann sich allerdings schlagartig zu ändern, als Florida aufgrund seiner strategisch günstigen Lage ins Visier der Drogenmafia geriet.

So wurden zunächst Schiffe voll beladen mit Marihuana von der Nordküste Kolumbiens quer durch die Karibik bis in die Nähe der amerikanischen Küste geschickt. Von diesen Mutterschiffen wurde dann die Ware auf Speedboote umgeladen und ans Festland gebracht. Alle am Schmuggel beteiligten Personen waren hervorragend entlohnt. So verdienten die Schnellbootpiloten um die 50.000 Dollar pro Fahrt und selbst die „Umlader" brachten es noch auf Beträge zwischen 5.000 und 10.000 Dollar pro Nacht.

In Miami selbst kooperierten zu Beginn die kolumbianischen Schmuggler mit der alteingesessenen kubanischen Mafia vor Ort, die sich um die Verteilung kümmerte. Somit war eine echte „Latino-Arbeitsgemeinschaft" entstanden, die beiden Teilen große Profite einbrachte.

Neben den Marihuana Lieferungen kam es in der Folge auch zu immer größeren Importen von Kokain, das wesentlich höhere Gewinne abwarf. Der Import in die USA fand dabei hauptsächlich mit Kleinflugzeugen statt und verhalf den Drogenhändlern schon bald zu noch größeren Reichtümern.

Um den Schmuggel erfolgreich durchführen zu können, benötigten die Kolumbianer allerdings die Hilfe diverser Staaten, die strategisch möglichst günstig gelegen sein sollten. So waren es vor allem Panama, die Bahamas – Carlos Ledher, ein führendes Mitglied des Medellin-Kartells, hatte später eine eigene Insel vor der Küste der USA, namens Norman's Bay – und auch die „kommunistische Insel" Kuba, die sich nach und nach zu einem verlässlichen Partner der Drogenmafia entwickelten. Der nur wenige Seemeilen von der US-Küste entfernte „Castro-Staat" stellte etwa den kolumbianischen Schmugglern seine gesamte Infrastruktur bestehend aus Häfen, Landebahnen und Auftankungsstellen zur Verfügung. Im Gegenzug mussten die Kolumbianer für jedes weitergeleitete Kilo der illegalen Ware eine Gebühr bezahlen. Dem Castro-Regime wurde darüber hinaus auch immer wieder unterstellt, mit der kolumbianischen Guerilla Drogen- gegen Waffengeschäfte gemacht zu haben.

Durch den Drogenhandel erlebte Miami in der Folge einen wirtschaftlichen Aufschwung, der sonst nirgendwo in den USA zu finden war. Die Immobilienbranche und das Baugewerbe „boomten", Luxusartikel sowie Nobelkarossen fanden reißenden Absatz und selbst die Banken weigerten sich nicht, die illegalen Drogendollar anzunehmen.

Das weiße Pulver fand zunehmend Absatz in sämtlichen Bevölkerungsschichten und führte allmählich dazu, dass auch ein großer Teil der Durchschnittsbevölkerung von der Droge profitierte. So konnten sich Mittelschichtangestellte mit dem Verkauf von Kokain problemlos über ein Zusatzeinkommen von bis zu 20.000 Dollar monatlich erfreuen – eine Vielzahl von bisher unbescholtenen Normalbürgern war damit zu Drogenhändlern geworden...

Gegen Ende der 1970er Jahre begann sich jedoch alles zu ändern. Die kolumbianischen Drogenhändler wollten die Verteilung ihres Produkts nicht mehr den Kubanern überlassen und drängten mit unglaublicher Brutalität in den Markt von Miami.

Ein Paradebeispiel für dieses skrupellose Vorgehen war *Griselda Blanco alias „La Viuda Negra"*, die schwarze Witwe.

Blanco wuchs in Medellin als Tochter einer Prostituierten auf und machte schon in ihrer Jugend mit sadistisch-brutalen Aktionen auf sich aufmerksam. So soll sie z.B. in Medellin ein Kind entführt- und mit einem Kopfschuss getötet haben, weil die Eltern das Lösegeld nicht bezahlen wollten. Mit dem Drogenhandel kam Blanco erstmals in New York in Berührung und organisierte bereits Mitte der 1970er Jahre die ersten Lieferungen von Medellin in die USA. Die schwarze Witwe war aber seit dem Jahre 1978 auch in dem für Drogenhändler immer wichtiger gewordenen Miami tätig.

Anstatt sich zu arrangieren und die Märkte untereinander aufzuteilen, drängten neben Griselda Blanco in der Folge auch weitere Kolumbianer gewaltsam in das Verteilergeschäft von Miami – sehr zum Missfallen der Kubaner vor Ort. Die Folgen waren daher absehbar. Im Jahre 1979 brach in Miami ein Bandenkrieg aus, in dem Kolumbianer nicht nur gegen Kubaner, sondern auch gegen ihre eigenen Landsleute mit äußerster Brutalität vorgingen, um den lukrativen Markt an sich zu reißen.

Die Lage in Miami verschärfte sich noch einmal, als die Stadt im Jahre 1980 von einer Flüchtlingswelle heimgesucht wurde, im Zuge derer sich an die 125.000 Kubaner sowie 25.000 Haitianer in Miami niederließen – Fidel Castro hatte seine Gefängnisse geleert und zahlreiche Kriminelle unter die Flüchtlinge gemischt. Damit war das gesellschaftliche Chaos perfekt. Ein Teil der Flüchtlinge drängte auf den Arbeitsmarkt der Unqualifizierten und zog sich so den Zorn der schwarzen Bevölkerung zu, die um ihre Arbeitsstellen bangte. Kubaner mit krimineller Vergangenheit blieben ihrer Gesinnung treu und machten die Stadt unsicher – Vergewaltigungen und Überfälle nahmen daraufhin stark zu.

Diese negativen Entwicklungen führten logischerweise nicht nur zu Konflikten mit der anglo-amerikanischen Bevölkerung Miamis, sondern verärgerten auch die alteingesessenen, redlich arbeitenden Kubanern, die um ihr Image fürchteten.

Der Drogenkrieg, die auswuchernde Kriminalität, das Flüchtlingsproblem und die Korruption der Exekutive brachten Miami in die Schlagzeilen, in denen es von nun an als das verlorene Paradies bezeichnet wurde.

Da die oftmals korrupte Exekutive vor Ort nicht mehr in der Lage war, die Probleme in den Griff zu bekommen, war daher in der Folge der Bund gezwungen, einzugreifen. DEA, FBI und Zollbehörde begannen in einer Großaktion gegen die Drogenmafia vorzugehen. Der Boden in Florida wurde zunehmend heißer und führte, nachdem zahllose Drogenhändler erschossen oder verhaftet worden waren, dazu, dass Griselda Blanco nach Kalifornien flüchtete und dass sie von dort aus ihren Geschäften nachging. Allerdings hatte sich die schwarze Witwe durch ihr brutales Vorgehen viele Feinde gemacht. Aussagen zufolge soll sie auch nicht davor zurückgeschreckt gewesen sein, Kinder und ihre eigenen Liebhaber töten zu lassen. Mit der Ermordung ihrer Geschäftspartnerin, Marta Ochoa, hatte sie jedoch den Bogen überspannt. Blanco, die diesen Mord ausführen ließ, um ihre Schulden, die sie beim Ochoa-Clan hatte, zu vertuschen, zog sich mit dieser Aktion – wenig überraschend – den Zorn des Medellin Kartells zu, das auf die ehemalige Partnerin ein Kopfgeld aussetzte.

Noch bevor die schwarze Witwe getötet werden konnte, wurde sie jedoch im Jahre 1984 verhaftet und verschwand für 20 Jahre hinter Gittern. Nach der Verbüßung ihrer Haftstrafe schoben sie die USA sofort nach Kolumbien ab. Während Blanco noch am Leben sein soll, wurden drei ihrer vier Söhne, die ebenfalls in ihrer Organisation tätig waren, nach ihrer Freilassung und Abschiebung in Kolumbien erschossen...

Nachdem der Drogenkrieg in Miami durch das staatliche Einschreiten beendet werden konnte, kehrte ab Mitte der 1980er Jahre allmählich wieder Frieden in der Stadt ein. Jedoch waren nicht alle glücklich über diese Entwicklungen – die Wirtschaft erlitt durch die fehlenden Drogendollar einen vorübergehenden Einbruch, der ganze Geschäftszweige in große Schwierigkeiten brachte, ehe der Tourismus wieder für neue

Einkünfte sorgen sollte. Im Miami von heute gibt es zwar keine Drogenkriege mehr wie in den 1980er Jahren, allerdings ist das neureiche „‚Latino-Prolo-Flair'" der Stadt weiterhin erhalten geblieben...

Die Geldwäsche in Miami

Nachdem die Drogenhändler in Miami einen guten Teil ihrer Gewinne bereits in Immobilien angelegt hatten, bekamen sie schon bald ein Problem, das ein durchschnittlich arbeitender Bürger nicht verstehen kann – sie hatten einfach zu viel Bargeld. Während die amerikanischen Banken zunächst die schmutzigen Drogendollars noch gerne annahmen, sollten ihnen die immer strenger werdenden staatlichen Kontrollen zunehmend Schwierigkeiten bereiten.

In Miami hatten sich zu viele Banken angesiedelt, die von dem illegalen Geschäft profitierten und trotz gesetzlicher Verpflichtung die Einlagen von Beträgen über 10.000 Dollar einfach nicht anzeigten.

Neben der Eröffnung von Konten direkt in Miami war es allerdings auch populär, die „heißen" Scheine außer Landes zu bringen und bei einer der diskreten Banken auf den Bahamas, den Caymans, den British Virgin Islands sowie auf Aruba, gegen eine 2 % „Gebühr", zu deponieren. Hier bestand jedoch das Risiko, mit dem außer Landes geschmuggelten Geld erwischt zu werden.

Als die Kontrollen nun immer effizienter durchgeführt wurden, musste daher ein neues System geschaffen werden, um das „Bargeldproblem" der Mafia zu lösen – die Idee zu einem „Black Peso Exchange-Modell" war geboren.

In diesem System wird das Geldgeschäft mit den Drogendollars streng gesondert vom eigentlichen Drogenhandel geführt. In einem ersten Schritt setzte die kolumbianische Mafia in Miami so genannte „Money Broker" ein, denen sämtliche Drogenschwarzgelder übertragen wurden und die von den in Kolumbien ansässigen Capos kontaktiert werden konnten. Für sämtliche Dollarnoten, welche die kolumbianische Organisation in Miami eingenommen hatte und die dem Broker in den USA übergeben wurden, trug dieser ab dem Zeitpunkt der Annahme die volle Verantwortung. Der kolumbianische Mafioso und sein Broker einigten sich nun auf einen Wechselkurs zwischen kolumbianischem Peso und Dollar, der wesentlich günstiger war, als der offizielle Kurs. Danach schickte der Geldhändler so genannte „Smurfs" (Schlümpfe, Geldkuriere) mit Beträgen unter 10.000 Dollar von Bank zu Bank, um dort Einlagen zu tätigen. Sobald das Geld in der Bank war, konnte es problemlos verschoben und je nach Wunsch manipuliert werden. Der Drogenhändler aus Kolumbien kam so bequem an jeden von ihm gewünschten, rein gewaschenen Peso-Betrag.

Das System eignete sich jedoch auch für die umgekehrte Richtung. Kolumbianische Unternehmer, die in den USA Waren beziehen wollten, nahmen mit einem Broker in Kolumbien Kontakt auf, zahlten Pesos in das System ein und kauften so Dollars zu einem besseren als den offiziellen Kurs. Die Dollars wurden in diesem Fall allerdings niemals ausbezahlt. Ein in den USA ansässiger Broker beglich die Geldschulden der kolumbianischen Unternehmer von seinen Konten. Immer wieder wurden dadurch Unternehmen in den USA zu indirekten Geschäftspartnern der Mafia und halfen den Kriminellen bei der Geldwäsche. Dennoch hielten sich die Beschwerden in Grenzen. Das System ermöglichte es nämlich, dass kolumbianische „Geschäftsleute" aufgrund des für sie günstigen Wechselkurses verstärkt Investitionen tätigen konnten, was in der Folge bei den Firmen in den USA zu gesteigerten Absätzen führte.

Das „Black Peso Exchange-Modell" ist auch heute noch im Einsatz und bietet die Möglichkeit, Beträge im Milliardendollarbereich in den legalen Wirtschaftskreislauf einzuschleusen.

Verräter im Medellin-Kartell

Die Spezies der Verräter ist weit verbreitet und findet sich überall dort, wo sich ein in die Enge getriebener Übeltäter aus der Affäre zu ziehen versucht. In Drogenorganisationen sind diese Menschen ohne Rückgrat besonders häufig anzutreffen. Wie ein Virus befällt daher der Verrat sämtliche am Drogenhandel beteiligten Personen.

So sind etwa Endabnehmer u. a. durchaus in der Lage, ihre besten Freunde und Familienmitglieder zu bestehlen, um zu Geld für die Droge zu kommen. Werden sie von der Polizei gefasst, geben sie ohne Zögern ihre Dealer bekannt. Dasselbe gilt für Kleindealer, die, sobald sie mit der Exekutive in Berührung kommen, ihre Konkurrenten und Lieferanten sofort verraten. Die Begriffe Moral und Ehre sind im Drogengeschäft nicht zu finden. Jeder Kriminelle, der ins Visier der Exekutive kommt, wird versuchen, einen Deal abzuschließen, um seine Strafe zu mildern oder um womöglich gar straffrei gehen zu können. Je höher ein Mafioso in der kriminellen Hierarchie steht, desto politischer werden die Verhandlungen.

Auch das Medellin-Kartell blieb von so genannten „Sapos" (Kröten, Verräter) nicht verschont. Eine prominente „Kröte" innerhalb der kolumbianischen Organisation war Max Mermelstein.

Der gelernte Mechaniker ging in den 1970er Jahren nach Puerto Rico, um dort einen Job als Chefmechaniker im Sheraton Hotel anzunehmen. Kurz darauf lernte er eine Kolumbianerin kennen und heiratete sie. Die beiden übersiedelten auf die Bahamas, wo Max einen neuen Job annahm. Von der unmittelbar vor den Vereinigten Staaten liegenden Inselgruppe aus organisierte er in der Folge mit den Verwandten seiner Frau den ersten kleinen Drogenschmuggel nach Florida. Ein weiterer Arbeitsplatzwechsel folgte kurz darauf – Max kehrte nach Miami zurück und war auch dort wieder für ein Hotel tätig.

Durch Zufall kam er nun mit Rafael Cardona Salazar, einem „Bazuca" rauchenden Kolumbianer, der als Vertreter des Medellin-Kartells in Miami stationiert war, in Kontakt. „Bazuca-User" (Personen, die Crack konsumieren) sind gefährlich, weil diese Droge (eine Kokainvorstufe) die Menschen völlig unberechenbar macht. Das bemerkte auch Mermelstein, als er den „zugedröhnten" Salazar gemeinsam mit dessen Freund nach Hause bringen sollte. Salazar rastete aus und erschoss seinen Kollegen im Auto. Als der eingeschüchterte Mermelstein Salazar half, die Leiche zu entsorgen, war er ab sofort im Kokain-Geschäft und arbeitete für die kolumbianische Mafia – man schrieb das Jahr 1979.

Der ehemalige Hotelangestellte brachte schnell frischen Wind in den Drogenhandel vor Ort. Er war für die Logistik zuständig und koordinierte in dieser Funktion die mit „heißer Ware" beladenen Schiffe und Flugzeuge sowie deren Übergabezeitpunkte. Mermelstein stellte darüber hinaus eine Crew amerikanischer Piloten zusammen, von denen einer Mickey Munday war, der seine Geschichte in der Dokumentation „Cocaine-Cowboys" erzählt. Nachdem das Medellin-Kartell in Miami auch hinsichtlich der Verteilung Fuß gefasst hatte, wie z.b. durch Griselda Blanco und den ebenfalls in „Cocaine Cowboys" genannten amerikanischen Dealer, Jon Roberts, stiegen die Gewinne ins Unermessliche. Mermelstein war damals bereits in die Führungsriege aufgestiegen und hatte als einer der wenigen Amerikaner direkte Kontakte zu den Capos in Medellin.

Ausgelöst durch den Drogenkrieg in Miami kam es jedoch zu einem immer intensiver werdenden Einschreiten der Exekutive vor Ort. So geriet auch Mermelstein in das Visier der Ermittler und wurde im Jahre 1985 verhaftet. Der Insider und Vertraute des Medellin-Kartells schloss mit den Behörden kurzerhand einen Deal ab und gab Informationen preis, die das Medellin-Kartell in seinen Grundfesten erschüttern sollten und Verhaftungen – von Griselda Blanco über Jon Roberts bis hin zu Carlos Ledher – folgen ließen. Mermelstein selbst wurde in ein Zeugenschutzprogramm aufgenommen und lebte fortan unter neuer Identität, bis er im Jahre 2008 an Krebs verstarb.

Der Contra-Krieg als Auslöser für die Zerschlagung des Medellin-Kartells

Im Contra-Krieg kämpften in den Jahren 1981 bis 1990 rechte, paramilitärische Verbände gegen die linksgerichtete, sandinistische Regierung Nicaraguas. Auslöser des Krieges war der Sturz der von den USA unterstützten Samoza-Diktatur durch die unter der Führung Daniel Ortegas stehenden Sandinisten.

Die in der Folge geplanten Landreformen des linken Sandinisten-Regimes veranlassten ehemalige Samoza-Gefolgsleute, Widerstand gegen die neue Regierung zu leisten. Während die als „Contras" bekannten Regimegegner jedoch wenig Unterstützung in der Bevölkerung fanden, konnten sich die Kämpfer auf die Hilfe der USA verlassen, die jeglicher Ausbreitung des Sowjetkommunismus mit aller Schärfe entgegentraten. Die logische Konsequenz dieser Ausgangssituation war daher der Ausbruch eines Bürgerkrieges.

Der Krieg wurde sowohl auf wirtschaftlicher als auch auf militärischer Ebene geführt. Neben der Streichung von Unterstützungen und Investitionen durch die USA waren es vor allem die gezielten Angriffe der Regimegegner auf Pipelines und Häfen, die das Land zunehmend aus dem Gleichgewicht brachten. Die in den USA militärisch ausgebildeten „Contras" operierten dabei von den Nachbarländern Honduras, El Salvador und Costa Rica aus.

Die USA beschränkten sich allerdings nicht nur auf wirtschaftliche Zwangsmittel und militärische Ausbildung, sondern lieferten darüber hinaus auch Waffen und setzten amerikanische Piloten sowie Söldner bei Bombenangriffen auf nicaraguanischem Staatsgebiet ein. Da die Kriegsführung verdeckt vor den Augen der amerikanischen Öffentlichkeit erfolgte, musste die damalige US-Regierung diesen Krieg über illegale Waffengeschäfte mit dem Iran finanzieren. Dieser politische Skandal wurde später als die so genannte Iran-Contra-Affäre bekannt.

Neben der Hilfe durch die Amerikaner verfügten die „Contras" auch über eigene Einnahmequellen. Um ihre Ausgaben zu decken, mischten sie kräftig im Kokaingeschäft mit und schleusten mit dem Wissen des CIA große Mengen der Droge in die USA. Der Kommunismus in Nicaragua stellte in den Augen der amerikanischen Politiker eine offensichtlich wesentlich stärkere Bedrohung dar, als der internationale Drogenhandel, dessen Bekämpfung nur dort opportun ist, wo er in das doppelmoralische, von wirtschaftlichen Überlegungen geprägte Denken der Weltpolizei passt!

Mit dem Einstieg der „Contras" in das Drogengeschäft kam es daher zu einem eigenartigen Zusammenspiel verschiedenster Kräfte. Die „Contras" bekämpften das sandinistische Regime gemeinsam mit den Amerikanern, um der Ausbreitung des Kommunismus Einhalt zu gebieten. Gleichzeitig „schwächten" die von den Amerikanern protegierten „Contras" mit ihren Drogenlieferungen in die USA die amerikanische Bevölkerung – und all das mit dem Wissen des CIA und der amerikanischen Politiker, die allesamt über die Drogenlieferungen in ihr Land informiert waren, diese aber trotzdem duldeten. Manche Vertreter einer unbestätigten Theorie behaupten sogar, dass die Tolerierung des Drogenhandels ebenfalls ein Teil einer politischen Strategie war, weil mit der in Los Angeles zu jener Zeit aufgekommenen Crackwelle vornehmlich Afroamerikaner als Drogenkonsumenten aufschienen, die der konservativen amerikanischen Elite ohnehin seit jeher ein Dorn im Auge gewesen waren. Crack ist eine Kokainvorstufe, die billiger ist und zu schneller Abhängigkeit führt – bestens geeignet, um die schwarze Bevölkerungsschicht als Masse am sozialen Aufstieg zu hindern...

Wahrscheinlich ist aber eher, dass den für ihr schlechtes strategisches Kriegsdenken berühmten Amerikanern ihr gesamtes Einschreiten längst über den Kopf gewachsen war und sie nicht mehr in der Lage waren, die aufgetretenen Nebeneffekte dieses verborgenen Krieges zu kontrollieren.

Der Krieg in Nicaragua spiegelte aber auch die politische Situation zur Zeit des Kalten Krieges in eindrucksvoller Weise wider. Während die Amerikaner die „Contras" unterstützten, um das an die Macht gekommene kommunistische Regime der Sandinisten, das die Enteignung der ehemaligen Eliten anstrebte, zu stürzen, wurde die sandinistische Links-Regierung von den Sowjets gesponsert, die die Ausbreitung des Kommunismus zur politischen Prämisse erklärt hatten.

Inmitten der politischen Fronten zwischen West und Ost fand sich jedoch noch ein weiterer Partizipant an den Kriegswirren:

Das Medellin-Kartell war stets nach neuen Großabnehmern seiner Ware auf der Suche. Solange nun die Drogenlieferungen des Kartells an die „Contras" adressiert waren, wurden die illegalen Geschäfte vom amerikanischen Präsidenten Ronald Reagan und seinem Vize, dem ehemaligen Chef des Geheimdienstes CIA, George Bush sen., toleriert, auch wenn die Amerikaner bereits ihre DEA Agenten in Kolumbien hatten, um dort gegen die Drogenmafia vorzugehen.

Eine politisch völlig perverse Situation, die sich noch steigerte, als Pablo Escobar, der sich mit dem Sandinistenführer Ortega bestens verstanden haben soll, nun auch das linke Regime mit Drogen zu beliefern begann, da selbiges ebenfalls zusätzliche Gelder benötigte, um den Krieg gegen die „Contras" führen zu können.

Mit dieser Doppelstrategie des Medellin-Kartells, nämlich beide Kriegsparteien mit Drogen zu versorgen, waren allerdings die Amerikaner naturgemäß nicht einverstanden. Pablo Escobar hatte es mit dem Sandinistendeal übertrieben und geriet ab sofort ins Visier der Amerikaner, die ihn in der Folge um jeden Preis zu Fall bringen wollten, was ihnen letztendlich in einer Kooperation mit dem kolumbianischen Staat, den kolumbianischen Paramilitärs und dem Cali-Kartell, die gemeinsam unter dem Namen „Los PEPES" agierten, auch gelang.

Der Bürgerkrieg in Nicaragua, der auch unter der Zivilbevölkerung Tausende Opfer mit sich brachte, fand mit der Waffenniederlegung beider Kriegsparteien im Jahre 1989 sein Ende. Trotz der Installierung einer neuen, unabhängigen Regierung schwelte der Konflikt noch viele Jahre weiter. Die USA wurden im Jahre 1989 für ihre Teilnahme an dem Krieg vom Internationalen Gerichtshof in Den Haag verurteilt, weigerten sich jedoch, die Entscheidung anzuerkennen. Lediglich Israel und El Salvador unterstützten die Amerikaner in diesem bisher einzigartigen Verhalten gegenüber der internationalen Staatengemeinschaft.

Der amerikanische Journalist Garry Webb, der zur Bekanntmachung des USA-Contra-Skandals wesentlich beitrug und an einem Dokumentarfilm über die Machenschaften der USA arbeitete, wurde kurz vor der Fertigstellung der Dokumentation tot aufgefunden. Webb wies zwei Einschüsse im Kopf auf – sein Tod wurde als Selbstmord dargestellt...

Barry Seal – die USA als Geschäftspartner des Medellin-Kartells?

Barry Seal war ein amerikanischer Pilot, der schon in jungen Jahren im Auftrag der US-Regierung Waffen in diverse Gebiete flog, die nicht selten erst durch Interventionen der Amerikaner zu Krisengebieten wurden.

Aufgrund dieser Tätigkeit verfügte Seal schon bald über ausgezeichnete politische- und geheimdienstliche Kontakte. Seine Waffenlieferungen brachten ihn jedoch auch zunehmend mit dem Drogengeschäft in Verbindung. So schloss er etwa seine Deals in Asien oder Südamerika oftmals als Gegengeschäfte ab, bei welchen die gelieferten Waffen mit Drogen bezahlt wurden. Seal war aber auch direkt in den Drogenhandel involviert, galt er doch als einer der wichtigsten Geschäftspartner des Medellin-Kartells.

Die amerikanische Politik ließ den „Agenten" Seal nicht nur gewähren, sondern unterstützte ihn auch tatkräftig in seinen Machenschaften. In seiner Schmuggelflotte fanden sich ein Learjet, Hubschrauber und Frachtflugzeuge, die allesamt aus Beständen des US-Militärs stammten. Im Gegenzug für sein freies Geleit beim Drogenschmuggel, versorgte Seal die CIA mit diversen Informationen.

Was geschah nun mit den Tonnen an Kokain, die der „Agent" völlig ungehindert nach Amerika schleusen konnte?

Zum Zentrum seiner Aktivität wurde eine Stadt im Bundesstaat Arkansas, namens Mena. Seal, der auch über beste Kontakte zu den Drogenhändlern vor Ort verfügte, verteilte seine heiße Ware über die gesamte Westküste – die Augen des Geheimdienstes und der Politiker blieben dabei stets verschlossen. Auch die offenkundig stattgefundene Geldwäsche ließ die Behörden nicht einschreiten. Mena in Arkansas war zu einem riesigen, legalen und für jedermann wahrnehmbaren Drogenumschlagplatz geworden. Der Generalstaatsanwalt und spätere Gouverneur von Arkansas, Bill Clinton, wollte davon jedoch nichts bemerkt haben.

Während Präsident Reagan zum Krieg gegen die Drogen aufrief und so den Konkurrenten Barry Seals das Leben immer schwerer machte, konnte der amerikanische „Agent" enorme Lieferungen an Drogen völlig ungehindert ins Land bringen. War es etwa nicht die Moral, die den Präsident dazu veranlasste, gegen den Drogenhandel vorzugehen, sondern nur die Überlegung, den Markt vor einer Überschwemmung und dem darauf folgenden Preisverfall zu bewahren? Fällt es womöglich doch nicht in den Bereich Verschwörungstheorie, wenn man annimmt, dass die amerikanische Regierung selbst den Drogenhandel als Einnahmequelle entdeckt und akzeptiert hatte, um so, „budgetschonend", diverse geheimdienstliche Aktionen setzen zu können?

Personen wie Barry Seal könnten jedenfalls den Erfolg einer solchen Strategie problemlos garantiert haben, solange sämtliche Beteiligten – die allesamt großzügig bestochen sein sollten – mitspielten und keine unvorhergesehenen Dinge passierten.

Aufgrund Barry Seals Lebenslaufs war es daher nicht weiter verwunderlich, dass „der Agent" auch im verdeckten „Contra-Krieg" der USA seine Finger im Spiel hatte. Hier zeigten sich aber auch in aller Deutlichkeit die Perversion und Doppelmoral, mit der amerikanische Politik betrieben- und Geheimdienstoperationen geführt wurden:

Wie bereits erwähnt, machten die „Contras" Geschäfte mit dem Medellin-Kartell, um sich selbst zu finanzieren und durften die erworbenen Drogen mit dem Einverständnis der USA in Kalifornien auf den Markt bringen. Seal lieferte Waffen an die „Contras", wurde in Drogen bezahlt, die er nach Mena flog und an der Westküste mit staatlichem Einverständnis, verkaufen konnte und deren Erlöse auch die Taschen der Krieg führenden Politiker und Geheimdienste füllten. Zusätzlich wickelte der amerikanische Staat einen Waffendeal mit dem Iran ab, um aus dem so erzielten Gewinn die nicaraguanischen „Contras" unterstützen zu können. Die Finanzierung des verdeckten Krieges war damit auf diskrete Art und Weise gewährleistet.

Diese Kooperation zwischen Waffen- und Drogenhändlern, Geheimdiensten, Politikern und paramilitärischen „Contras" funktionierte bis zu dem Zeitpunkt, als ein Frachtflugzeug, das zu Barry Seals Flotte gehörte, in Nicaragua abgeschossen wurde. Die Besatzung kam dabei bis auf eine an Board befindliche Person namens Eugene Hasenfus ums Leben. Hasenfus war es gelungen, sich mit einem Fallschirm – trotz des Verbots einen solchen zu tragen – zu retten. Er wurde von den sandinistischen Regierungstruppen gefasst und gab bekannt, ein CIA-Agent zu sein. Zusätzlich wurden Dokumente gefunden, welche die Regierung Reagan und ihre Machenschaften enttarnten. Personelle Konsequenzen auf politischer Ebene blieben jedoch aus.

Der „Agent" Seal war es aber auch, der die amerikanische Regierung darauf hinwies, dass Pablo Escobar auch mit den verhassten Sandinisten Drogendeals abschloss. Solange das Medellin-Kartell mit den „Contras" und Barry Seal Geschäfte machte, fand die amerikanische Regierung daran nichts Verwerfliches. Mit der Gewinnmaximierungsstrategie Pablo Escobars, sowohl Contras als auch Sandinisten mit Kokain zu beliefern, hatte sich der Capo jedoch überschätzt. Der ehemalige Geschäftspartner wurde zum erklärten Feind der Amerikaner, den es von nun an galt, zur Strecke zu bringen.

Aber auch die Zeit Barry Seals, der sich jahrzehntelang in diesem gefährlichen Geschäft von Waffen und Drogen erfolgreich behaupten hatte können, begann nun abzulaufen.

Um seine Ermordung im Jahre 1986 kursieren zwei Versionen. Die offizielle Sichtweise geht davon aus, dass Seal aufgrund seiner Spionagetätigkeiten von Auftragskillern des Medellin-Kartells erschossen wurde.

Inoffiziell wird der Mord jedoch dem amerikanischen Geheimdienst zugeschrieben, der die Kolumbianer angeheuert haben soll. Seal soll versucht haben, den Staat zu erpressen und gedroht haben, sämtliche Machenschaften aufzudecken, sollte ihm nicht eine millionenschwere Steuerschuld erlassen werden.

Wie auch immer es gewesen sein mag, der politische Skandal in Mittelamerika mit Auswirkungen bis in den Iran, zeigte einmal mehr auf, wie im „zivilisierten" Amerika, dem selbst erklärten, moralischen Hüter der Gesellschaft, Politik gemacht wird.

Die kolumbianische Drogenmafia nach Pablo Escobar

Nach Escobars Tod im Jahre 1993 brachen die Reste seiner Organisation endgültig zusammen, wodurch die Paramilitärs unter der Führung der Castaño Brüder und der inzwischen zum neuen Drogenboss gewordene Don Berna problemlos die Geschäfte des einstigen Capos übernehmen konnten. Wenngleich die Castaños und Don Berna vom Staat keinen Dank für die Mithilfe an der Jagd auf Escobar erhielten, sondern hinsichtlich der Verbrechen der „Los PEPES" die alleinige Schuld zugewiesen bekamen und zunächst gezwungen waren, unterzutauchen, war ihr Plan dennoch voll aufgegangen:

Sie waren in die Riege jener Personen aufgestiegen, die von nun an den Drogenhandel in Kolumbien kontrollierten.

Erstmals zeigte sich somit im Kolumbien des Jahres 1993 was passiert, wenn ein mächtiges Kartell zerschlagen wird. Ein Drogenboss war mit dem Resultat aus dem Verkehr gezogen worden, dass dessen Position sofort von einem oder mehreren Nachfolgern eingenommen wurde – im Übrigen ein Kreislauf, der aufgrund der hohen Gewinne, die das Drogengeschäft abwirft, niemals zu unterbrechen sein wird. Der Kampf gegen den „Wirtschaftszweig" Drogenhandel ist somit letztlich nichts anderes, als eine Beschäftigungstherapie unterschiedlichster staatlicher Einheiten, wie etwa der DEA (Drug Enforcement Administration) – eine Institution mit Tausenden Mitarbeitern, die jährlich über 2 Milliarden Dollar verschlingt.

Neben den Castaños und Don Berna konnte auch das Cali-Kartell unter der Führung der Brüder Orejuela nach der Erschießung Escobars feiern – allerdings nicht lange. Anstatt die nunmehrige Vormachtstellung im Drogenhandel – das heißt vor allem an der südlichen Pazifikküste Kolumbiens – genießen zu können, musste auch das Cali-Kartell annehmen, dass ihm in Bälde dasselbe Schicksal drohen würde wie der Konkurrenz aus Medellin. Da konnte auch die „uneigennützige" Hilfe bei der Jagd auf Escobar nichts daran ändern.

Die kolumbianische Regierung versuchte es zunächst jedoch noch auf die sanfte Tour – wohl nicht zuletzt deshalb, weil das Cali-Kartell nahezu die gesamte Politik bestochen hatte. Ein Gesetz wurde daher ausgearbeitet, das es den Mitgliedern des Kartells ermöglichen sollte, ihre Aktivitäten aufzugeben sowie illegal erworbene Gelder abzuliefern, um so in den Genuss einer nur geringen Haftstrafe (nicht länger als fünf Jahre) zu kommen. Die Orejuelas wollten die Gunst der Stunde nützen und ihre

Organisation auflösen, mussten dies jedoch zunächst mit den anderen Capos absprechen. So traten die Bosse zusammen und diskutierten das Angebot des Staates. Doch das Ergebnis der Gespräche war anders als erwartet. Während die älteren Capos bereits den Großteil ihrer Gelder in legale Geschäfte (Fußballclubs, Apotheken, etc.) investiert hatten und somit nach der Haftstrafe ein sorgenfreies Leben hätten führen können, wären die jüngeren Mafiosi nach einem Ausstieg finanziell ruiniert gewesen. Sie waren nämlich aufgrund der kürzeren Tätigkeitszeit in der Organisation noch nicht in der Lage gewesen, ihre illegalen Gelder in den legalen Wirtschaftskreislauf einzuschleusen. Das Angebot der Regierung wurde daher – zum Entsetzen der Alten – abgelehnt.

Im Jahre 1994 übernahm Ernesto Samper das Präsidentenamt in Kolumbien. Samper geriet relativ rasch unter Druck, nachdem publik geworden war, dass er Wahlkampfspenden vom Cali-Kartell angenommen hatte. Einmal mehr waren es die Amerikaner, die den halbherzigen Versuchen der kolumbianischen Regierung, das Cali-Kartell zu zerstören, nicht mehr länger zusehen wollten. Sie verlangten von den Kolumbianern endlich Nägel mit Köpfen zu machen und das Kartell zu zerschlagen, was jedoch den kolumbianischen Präsidenten in eine nicht beneidenswerte politische Situation brachte. Samper musste sich nun entscheiden und beschloss aufgrund des immer größer werdenden Drucks der Amerikaner, gegen seine ehemaligen Wahlhelfer vorzugehen. Rasch folgten daher die ersten Verhaftungen. Ebenso wie das Medellin-Kartell begann nun auch die Organisation rund um die Brüder Orejuela zu zerfallen.

In der Zwischenzeit hatten allerdings jene Personen im Cali-Kartell, die sich auf das ursprüngliche Angebot der Regierung nicht einlassen wollten, bereits damit begonnen, sich von der Organisation abzuspalten, um ein neues Kartell zu gründen. So kam in etwa gleichzeitig mit dem Zerfall des Cali-Kartells Anfang der 1990er Jahre das Kartell Norte del Valle auf und wurde zu einer der neuen, mächtigen Organisationen im Lande.

Die Mafiosi dieses Kartells verfolgten allerdings nicht mehr die Strategie des Cali-Kartells, das subtil agierend mit Bestechung zum Erfolg zu kommen wollte. Die neu gegründete Organisation zeichnete sich vielmehr durch brutales und skrupelloses Vorgehen aus – ganz im Stile Pablo Escobars und des Medellin-Kartells: Rivalen und Verräter wurden sofort umgebracht. Während jedoch das Medellin-Kartell, wie bereits erwähnt, Verbindungen mit der Guerilla nur in Ausnahmefällen einging, kooperierte das Kartell Norte del Valle sowohl mit der Guerilla als auch mit den in der Zwischenzeit erstarkten Paramilitärs. Beide Gruppierungen wurden nicht nur zur Routensicherung und Bewachung der Koka-Plantagen des Kartells eingesetzt, sondern auch als Handelspartner im Drogenbusiness geschätzt.

Damit gab es im Kolumbien der 1990er Jahre drei Haupt-Organisationen, die sich den Drogenhandel untereinander aufteilten: das Kartell Norte del Valle, die Guerilla (vornehmlich FARC) und die vereinigten paramilitärischen Streitkräfte der AUC.

Wie war das Kartell Norte del Valle nun konkret entstanden, bzw. organisiert?

An der Spitze stand zunächst *Orlando Henao*, der den Abspaltungsprozess vom Cali-Kartell eingeleitet hatte, nachdem ihm zu Ohren gekommen war, dass er von Rodríguez Orejuela, dem Chef des Cali-Kartells, der krampfhaft versucht hatte, einen Deal mit der Regierung auszuhandeln, verraten worden war. Der darauf folgende Krieg zwischen den beiden Capos brachte einigen Verwandten Orejuelas den Tod. Henao selbst wurde im Gefängnis von einem Mithäftling ermordet.

In der Führungsriege des Kartells Norte del Valle fand sich aber auch der bereits erwähnte, hoch dekorierte und von den USA ausgezeichnete „Zerschlager" des Medellin-Kartells, *Coronel Danilo Gonzáles*. Der Offizier wurde nach seinen Erfolgen in Medellin auch in Cali eingesetzt, wo er sich allerdings zunehmend selbst in den Drogenhandel einbrachte. González wurde im Jahre 2004 von einem konkurrierenden Capo erschossen.

Nach der Ermordung Orlando Henaos nahmen zwei Männer dessen frei gewordenen Platz ein: *Wilber Varela* und *Diego Montoya*. Varela, der ehemalige Sicherheitschef der Organisation, duldete zwar keine Konkurrenz, arrangierte sich aber zunächst trotzdem mit Montoya, um so seine eigene Position festigen zu können. Als Varela jedoch im Jahre 2003 versuchte, einen Deal mit den USA einzuleiten, um seine Haut zu retten – auch das Kartell Norte del Valle war natürlich längst ins Visier seiner Verfolger geraten – brach zwischen den beiden Capos ein Krieg aus. Während Varela inzwischen über eine eigene paramilitärische Einheit mit dem Namen „Rastrojos" verfügte, hatte Montoya militärische Unterstützung aus den Reihen der AUC (der vereinigten Paramilitärs in Kolumbien). Die darauf folgende, grausam geführte Auseinandersetzung sollte über 1.000 Menschen das Leben kosten und fand erst im Jahre 2008 ihr endgültiges Ende, als Diego Montoya an die USA ausgeliefert wurde und man in Merida, Venezuela, die Leiche Wilber Varelas fand. Berichten zufolge sollen ehemalige Mitarbeiter ihren einstigen Chef ermordet haben, um selbst die Geschäfte übernehmen zu können.

Mit der Verhaftung, bzw. dem Tod der beiden Capos entstand in der Folge ein Macht-Vakuum in der Region. Die Exekutive wollte daher dem Nachrücken neuer Mafiosi vorbauen und begann sofort mit der Verhaftung und Aussetzung von Kopfgeldern auf jene Personen, die bisher in der zweiten Reihe, hinter den ehemaligen Capos, gestanden haben. Dennoch gelang es einigen Mafiosi, vor allem aus der Organisation Varelas, das lukrative Geschäft bis heute weiterzuführen.

Die kolumbianische Smaragdmafia

Schon Anfang des 16. Jahrhundert hörten die Spanier von wunderschönen, grünen Steinen, die irgendwo in Kolumbien vorkommen sollten, ohne zunächst zu wissen, wo genau sich dieser Schatz befand. Erst etwa um die Mitte dieses Jahrhunderts entdeckten die Eindringlinge das Minengebiet um Muzo, das auch heute noch zum Zentrum des Edelsteinabbaus zählt. Kurze Zeit nach der Entdeckung dieser lokalen Reichtümer waren die dort ansässigen Indianer vertrieben, bzw. unterworfen. Das Smaragdgeschäft im heutigen Department Boyacá war somit in Händen der Spanier und blieb bis ins 20. Jahrhundert unter ausländischer Kontrolle.

Als Folge davon wurden die Minenrechte erst im Jahre 1946 dem kolumbianischen Staat übertragen. Obwohl somit der offizielle Eigentümer die „Banco de la República" (staatliche Bank) war, sah die Realität allerdings anders aus. Der Staat war nämlich zu jener Zeit aufgrund seiner strukturellen Schwäche nicht in der Lage, die Minen hinreichend zu schützen – eine Tatsache, die dazu führte, dass lokale Banden, wie etwa jene der „La Pesada", relativ problemlos das lukrative Geschäft übernehmen konnten.

Nachdem diese lokalen Banden das Edelsteingeschäft an sich gerissen hatten, bildeten sich in Boyacá Gemeinschaften mit eigenen gesellschaftlichen Strukturen, welche die dort ansässigen Menschen in einer abgeschotteten Welt leben ließen. Der mächtige Bandenboss wurde als „Patron" angesehen, der selbst über juristische Fragen entschied. Die Gegend hatte damit auch ihre eigenen Gesetze – aktuelle Probleme, wie etwa der Diebstahl von Edelsteinen, wurden allesamt ohne staatliches Einschreiten auf diskrete Weise intern geregelt. Darüber hinaus hatten die Banden über die Jahre hinweg auch sämtliche staatlichen Institutionen infiltriert. So waren sowohl die lokalen Politiker als auch die korrupten Beamten der Eigentümerbank allesamt bestochen.

Diese Konstruktion führte aber auch dazu, dass das in den Händen der Banden befindliche Smaragdgeschäft über den Schwarzmarkt abgewickelt werden musste. Die Eigentümerbank verfügte nämlich tatsächlich nur über einen geringen Anteil an Smaragden, den sie darüber hinaus großteils als staatliche Sicherheitsreserve hielt. Dies führte dazu, dass sie dem internationalen Markt kaum Steine zuführen konnte. Das Geschäft war damit ein de facto vollständig illegales, das vom kolumbianischen Staat toleriert wurde.

Damit jedoch waren es alleine die Bandenbosse, die durch die von ihnen bestimmte Aufteilung der Minenrechte zu unermesslichem Reichtum kamen, da das Smaragdgeschäft ausschließlich zu deren Bedingungen abgewickelt wurde.

In der ländlich-religiösen Gegend von Boyacá spielte dabei die Ehre und Bodenständigkeit – Geschäfte wurden per Handschlag abgeschlossen – eine ebenso große Rolle wie die Gewalt. Wer beim Diebstahl erwischt wurde, verlor nicht selten sein Leben, wobei die Tötung vom geschädigten „Patron" eigenhändig angeordnet wurde.

Diese bäuerliche Mentalität differierte aber auch wesentlich von der in den Städten vorherrschenden Geschäftskultur, insbesondere von jener in Medellin, wo das Wort im Allgemeinen nichts zählt und nur der eigene Vorteil wichtig ist. Damit unterschieden sich allerdings auch die Strukturen der Mafia. Während im Smaragdgeschäft ein gewisser Zusammenhalt herrschte, der über das bloße Geschäft hinausging, fanden und finden sich in den Drogenbanden keinerlei solche Werte. Um seine eigene Haut zu retten, verrät man selbst seinen besten Freund.

In den 1950er Jahren wurden die Minen von Boyacá im Wesentlichen von zwei Capos kontrolliert. *Efrain Gonzáles Téllez,* war ein Patron der alten Schule, der nach den eben genannten Werten lebte, wenngleich diese doch auch den von ihm aufgestellten Regeln entsprechen mussten.

Die zweite Führungspersönlichkeit war *Humberto Ariza*, der vor allem die Politiker vor Ort kontrollierte.

Unter der Schirmherrschaft dieser beiden Bosse und deren privater Schutztruppen florierte nicht nur das Geschäft, sondern es konnte auch die Sicherheit in der Region gewährleistet werden. Der Smaragd, der gemäß eines Spruches des späteren Smaragdpaten, *Victor Carranza* seine grüne Farbe angenommen hatte, um den Diamant vor Neid erblassen zu lassen, konnte seinen Weg somit ungestört aus den Minen von Boyacá, nach Bogotá, bis hin ins Ausland finden.

Mit dem Tod Téllez' im Jahre 1965 war es jedoch mit dieser Idylle vorbei. Das alt bewehrte System konnte nicht mehr aufrechterhalten werden, weshalb ein Bandenkrieg („La Guerra Verde", der grüne Krieg) um die Vorherrschaft in den Minen ausbrach, der zahllose Opfer mit sich brachte.

Erst im Jahre 1971 konnte die Exekutive die Oberhand gewinnen und entschloss sich zunächst, die Minen unter Polizeisicherung zu schließen, um die Lage zu beruhigen und Zeit zu gewinnen. In den darauf folgenden Verhandlungen war man danach bestrebt, erstmals eine legale Lösung für den bisher illegal geführten Smaragdhandel zu finden. Der Staat entschied sich dafür, Konzessionen auszugeben, die an neu gegründete Gesellschaften, wie Esmeralcol oder Tecminas übertragen werden sollten. Damit war der Smaragdhandel mit einem Schlag privatisiert worden und die alteingesessenen Smaragdclans, die die Gesellschaftsrechte erwerben konnten, zu legalen Unternehmern geworden. Doch drohte schon die nächste Gefahr, welche die wieder gewonnene Stabilität in Boyacá außer Kraft setzen sollte.

Der in den 1970er Jahren aufkommende Drogenhandel führte zur Gründung der ersten großen Kartelle. Der Mann, der das Gleichgewicht im Smaragdhandel in der Folge aus dem Lot bringen sollte, war kein Geringerer als Gonzalo Gacha („El Mexicano").

Gacha, der spätere Capo des Medellin-Kartells, kam ursprünglich aus dem Smaragdgeschäft und arbeitete in den frühen 1970er Jahren unter dem damaligen Edelsteinpatron Gilberto Molina. Bevor der Drogenhandel gegen Ende dieses Jahrzehnts so richtig in Schwung kam, hatte Gacha bereits das Geschäft gewechselt und war in großem Stil ins Kokainbusiness eingestiegen. So galt er als einer der Mitbegründer des Medellin-Kartells und zeichnete vor allem für die Sicherheit der Organisation Verantwortung.

Militärisch und finanziell gestärkt, kehrte der Capo nun zu seinem Steckenpferd – den grünen Edelsteinen - zurück und begann sich Schritt für Schritt in das Smaragdgeschäft einzukaufen. Obwohl die „Esmeralderos" vor Ort dem Drogenhändler eher kritisch gegenüberstanden, da man sich keine Probleme, die der Drogenhandel gewöhnlich mit sich brachte, ins Haus holen wollte, gelang es Gacha dennoch, Fuß zu fassen.

Damit war der Smaragdhandel fortan auf drei Personen aufgeteilt: Gonzalo Gacha, seinem alten Freund Gilberto Molina und dem Veteranen Victor Carranza, der das Geschäft von Grund auf gelernt hatte. Carranza schuftete bereits in den 1940er Jahren als kleiner Junge in den Minen und stieg immer höher in der Hierarchie, bis er zu einem mächtigen Teilhaber wurde.

Gonzalo Gacha sollte allerdings schon bald die bereits prophezeite Unruhe ins Geschäft bringen, wodurch die bisher von äußeren Einflüssen abgeschottete Edelsteinwelt erneut destabilisiert wurde. Der Drogenhandel, der in den 1980er Jahren seinen Höhepunkt erreicht hatte, transferierte nun seine ihm anhänglichen Probleme auch auf die „Esmeralderos". Die kolumbianische Exekutive führte nämlich bereits mit Unterstützung der USA einen Krieg gegen das Medellin-Kartell und somit auch gegen Gacha – dem im Smaragdgeschäft vertretenen Capo.

Es war daher auch Gacha, der paramilitärische Verbände, die für ihn tätig waren oder mit ihm kooperierten, nach Boyacá brachte. Da der Capo aber darüber hinaus ein bekennender Feind der Guerilla war, die eine Gefahr für seine riesigen Ländereien darstellte, kam es in Boyacá zunehmend auch zu Auseinandersetzungen mit den linken Rebellen, die nun ebenfalls ihr Interesse an den Edelsteinen bekundeten. Der FARC gelang es sogar in der Folge, einzelne Minen unter ihre Kontrolle zu bringen.

Aufgrund dieser neuen negativen Entwicklungen war es somit nicht weiter verwunderlich, dass die alteingesessenen „Esmeralderos" immer schlechter auf den „Störfaktor Gacha" zu sprechen waren. Molina und Carranza begannen daher Informationen über Drogenlabors und Kokafelder der kolumbianischen Exekutive, bzw. der DEA zuzuspielen, um Gacha aus dem Geschäft zu drängen. Als dieser von dem Doppelspiel seiner Partner erfuhr, erklärte er ihnen sofort den Krieg. Der Drogenboss und Sicherheitschef des Medellin-Kartells verfügte zwar über eine enorme militärische Macht, die jedoch gegen Ende der 1980er Jahre schwächer geworden war, da sich die bis dahin mit dem Medellin-Kartell verbundenen paramilitärischen Verbände unter Leitung der Castaño-Brüder zunehmend abzuwenden begannen und später das Kartell sogar bekämpften („Los PEPES"!).

Trotzdem gelang es Gacha auch in der Welt der Smaragde seine blutige Spur zu hinterlassen. Im Jahre 1986 ließ er seinen ehemaligen Partner, Gilberto Molina, auf einem Fest samt 18 anwesenden Personen ermorden. Doch schon zog sich die Schlinge um den Capo immer enger – die Zahl der Gegner war einfach zu groß geworden.

Gacha und das Medellin-Kartell kämpften zu jener Zeit gegen den kolumbianischen Staat, die USA, das Cali-Kartell, die abtrünnigen paramilitärischen Verbände, die Guerilla und dann auch gegen die „Esmeralderos", die unter Carranza die Gunst der Stunde genutzt hatten, um sich mit dem Paramilitär Carlos Castaño zu verbünden. Gonzalo Gacha war nun nicht mehr in der Lage, diesen, von allen Seiten drohenden Gefahren, länger standzuhalten und wurde im Jahre 1989 in Tolú, einem kolumbianischen Ferienort an der Karibikküste, erschossen.

Mit dem Tod Gachas waren neue Friedensverhandlungen in Boyacá möglich geworden. Die Kriege um das wertvolle Gestein hatten jedoch auch Tausende Tote mit sich gebracht. Der neue, uneingeschränkte „Zar des Smaragdgeschäfts" war nun Victor Carranza – jener Mann, der vom „Guaquero" (Minenarbeiter) zum mächtigsten Mann der Region aufgestiegen war und über eine eigene paramilitärische Truppe, die für Sicherheit sorgte, verfügte. Insider bezeichneten ihn daher aufgrund seiner uneingeschränkten Machtposition als den Escobar der Smaragde. Carranza wurde zwar im Jahre 1998 wegen paramilitärischer Aktivitäten verhaftet und zu einer dreijährigen Gefängnisstrafe verurteilt, kehrte jedoch danach sofort wieder zu den Edelsteinen zurück.

Dass das Smaragdgeschäft trotz Konzessionierung auch heute noch gefährlich ist, zeigen die jüngsten Entwicklungen. Sowohl Drogenbanden, die sich aus den demobilisierten, paramilitärischen Verbänden gebildet hatten als auch FARC-Verbände begannen sich jüngst in die Minen-Gesellschaften einzukaufen und gewannen so zunehmend an Einfluss. Aktuell werden aber auch neue Konzessionen beantragt, die einzig und allein dazu dienen, um Drogengelder rein zu waschen. Einer Handvoll profitabler Minen stehen so bereits an die Tausend beantragte Konzessionen gegenüber!

Einer der letzten aufsehen erregenden Morde in der Welt der Edelsteine war jener an *Yesid Nieto*, einem jungen Smaragd-Capo, der im Jahre 2007 in Guatemala erschossen wurde, nachdem bereits zuvor in Bogotá ein Attentat gegen ihn fehlgeschlagen war. Ob der Veteran Carranza seinen jungen Rivalen beseitigen ließ oder die Drogenmafia mit Daniel „El Loco" Barrera – ein Drogenhändler, der bis dato nicht gefasst werden konnte – seine Finger im Spiel hatte, konnte niemals geklärt werden, zeigt allerdings auch klar, dass das Geschäft mit den Edelsteinen nach wie vor nicht zur Ruhe gekommen ist und nun zunehmend mit jenem des Drogenhandels zusammenwächst.

Die kolumbianischen Guerillaverbände

In den späten 1940er Jahren begannen sich in Kolumbien Anhänger der liberalen Parteien mit jenen der Konservativen zu bekämpfen und gegenseitig umzubringen – die so genannte „Violencia" war ausgebrochen und hatte das Land in zwei politische Lager gespalten.

Der durch diese Kämpfe geschwächte Staat war daher auch nicht in der Lage, dem allmählich aufkeimenden Kommunismus Paroli zu bieten. Die linken Kräfte konnten sich somit ungestört formieren und in der Folge sogar so genannte „unabhängige kommunistische Republiken" auf kolumbianischem Staatsgebiet errichten.

Nachdem das Militär diese Gebiete zurückerobert hatte, bildeten überlebende kommunistische Radikale den „Bloque Sur", der Mitte der 1960er Jahre den Namen *FARC (Fuerzas Armadas Revolucionarias de Colombia)* annahm. Damit hatten die Kommunisten eine linksradikale Armee gegründet, mit der Großgrundbesitzer und staatliches Militär bekämpft werden sollten, um die bäuerliche Revolution einzuleiten.

Zur Erreichung dieser Ziele war es allerdings zunächst notwendig, dass die kolumbianische Guerillabewegung mit jenen aus anderen Ländern in Kontakt trat, um so eine verbesserte Ausbildung ihrer Armee zu erreichen. Nachdem man sich mit diversen Gruppierungen kurz geschlossen hatte, wurden daher auch in Kolumbien Trainingscamps errichtet, in denen linke Ideologien und Guerillatechniken, die sich bereits anderswo als erfolgreich erwiesen hatten, gelehrt wurden. Die finanzielle Unterstützung für diese Projekte kam aus der Sowjetunion und vor allem aus Kuba.

Sehr zum Leidwesen der Amerikaner waren die Kommunisten somit bestrebt, ihre Lehren auch auf dem südamerikanischen Kontinent zu verbreiten.

In dieser politischen Gründungsphase war die FARC zunächst noch nicht allzu intensiv in den Drogenhandel eingebunden. Da die Guerilleros allerdings die ländliche Bevölkerung kontrollierten und die Bauern auch Koka kultivierten, bzw. in der Folge auch von der Guerilla dazu gezwungen wurden, dies zu tun, konnten immerhin die Drogenlabors der Capos mit dem Rohstoff beliefert werden. Wegzölle, die beim Transport von Drogen durch Guerillagebiet an die Rebellen abzugeben waren, kamen später ebenfalls als Einnahmequelle hinzu.

Als jedoch die großen Kartelle der 1980er Jahre zerschlagen waren, stieg auch die FARC, ebenso wie die Paramilitärs, intensiv in das Drogengeschäft ein. Von nun an hatten auch die Guerilleros ihre eigenen Labors und transportierten die Drogen unter eigener Regie vor allem nach Venezuela und Brasilien. Der Drogenhandel wurde somit erst nach und nach zur Haupteinnahmequelle der Guerilleros und ließ die aus Entführungen und Schutzgelderpressungen erzielten Erlöse zunehmend an Bedeutung verlieren. Die FARC kann heute über ein jährliches Budget von an die 300 Millionen US-Dollar verfügen.

Ebenso wie die Paramilitärs ging auch die Guerilla äußerst brutal gegenüber jenen Personen vor, die sich ihr in den Weg stellten. Die linken Rebellen ermordeten ihnen nicht günstig gesinnte Politiker sowie Zivilpersonen, die mit der Gegenseite kooperierten oder denen eine Zusammenarbeit unterstellt wurde.

Das Leben der bäuerlichen Bevölkerung wurde so in bestimmten Regionen Kolumbiens zur Hölle. Die Dorfbewohner lebten in ständiger Angst, gefoltert oder getötet zu werden. Stand man den Paramilitärs, bzw. deren Nachfolgeorganisationen zu nahe, bekam man es mit der Guerilla zu tun. Erweckte man den Eindruck, ein Kommunist zu sein oder mit der Guerilla zu kooperieren, wurden die rechten Gruppierungen zur Gefahr. Oftmals fanden Hinrichtungen auch willkürlich statt. Menschen wurden aus den Häusern gezerrt und am Dorfplatz erschossen. Die Verbände traten dabei auch in den Uniformen des Gegners auf, was die Verunsicherung noch steigerte. Wer das Glück hatte, nicht erschossen zu werden, verlor häufig seinen Grund und Boden, nachdem sein Land von einer Gruppierung gewaltsam annektiert worden war.

Auch wenn heute der ideologische Gedanke längst keine Rolle mehr spielt und Guerillaverbände, paramilitärische Nachfolgeorganisationen und Drogenbanden immer enger im Drogengeschäft zusammenarbeiten und gelegentlich sogar zu Organisationen zusammenwachsen, prallen die Gruppierungen in umkämpften Gebieten immer noch aufeinander und lassen so die alte, längst überholte „Pseudo-Ideologie" von „Links" und „Rechts" wieder aufbrechen.

Nach der Amtsübernahme von Präsident Álvaro Uribe im Jahre 2002 musste die FARC starke Einbußen hinnehmen. Führende Köpfe wurden getötet, bzw. stellten sich freiwillig, nachdem der Staat ein Kopfgeld auf sie ausgesetzt hatte. Dennoch ist die FARC weiterhin äußerst aktiv. Obwohl von den insgesamt 20.000 Kämpfern etwa die Hälfte ausgeschieden sein soll, treiben die Rebellen nach wie vor im Süden und Osten des Landes – vor allem in den Grenzgebieten zu Venezuela und Ecuador, aber auch im Grenzgebiet von Panama sowie zunehmend ebenfalls in den Großstädten, noch immer ihr Unwesen.

Auch die Gründung der zweiten großen Guerilla-Organisation, der *ELN (Ejército de Liberación Nacional)*, ging auf die 1960er Jahre zurück und hatte einen starken Bezug zur kubanischen Revolution. Die ELN richtete bereits zu jener Zeit ihre Angriffe gegen kapitalistische Institutionen, wie etwa ausländische Ölfirmen. Auf ihr Konto gehen aber auch tausende Entführungen, Erpressungen von Unternehmen und Anschläge auf Energieeinrichtungen. Im Gegensatz zur FARC war die ELN jedoch in der Vergangenheit nur marginal mit dem Drogenhandel verbunden und es wurde nur vereinzelt auf Koka-Plantagen eine Steuer eingehoben.

Das Verhältnis zur FARC selbst ist gespalten. Während die beiden Gruppierungen zunächst noch kooperierten, begann die FARC ab dem Jahre 2006 ihre Gebiete im Grenzgebiet zu Venezuela auszudehnen und die kleinere ELN zu verdrängen. Als unmittelbare Folge darauf töteten ELN-Kämpfer einige FARC-Mitglieder.

Die derzeit stattfindenden Verhandlungen zwischen der ELN und der Regierung über eine Demobilisierung gehen nur schleppend voran. Noch immer verfügt die Guerilla über etwa 2.000 Kämpfer, die sich in jüngster Zeit verstärkt mit Drogenbanden zusammenschließen.

Die *Movimiento 19 de April (M-19)* wurde als Reaktion auf einen Wahlbetrug im Jahr 1970 gegründet. Diese Guerilla-Gruppierung war vor allem in den Städten aktiv und fiel zunächst durch symbolische Aktionen auf, wie etwa den Diebstahl des Schwerts von Símon Bolívar aus einem Museum in Bogotá im Jahre 1974. Vier Jahre später stahlen die Guerilleros etwa 5.000 Waffen aus einem Militär-Depot der Hauptstadt. Aber auch die Entführung von 15 Diplomaten der Dominikanischen Republik im Jahre 1980 ging auf ihr Konto.

Als die M-19 dann ein Jahr später die Tochter Fabio Ochoa Seniors entführte, zog sie sich jedoch den Zorn der Drogenkartelle zu, die sich mit der Gründung der narco-paramilitärischen Organisation MAS (Muerte a los Secuestradores, Tod den Entführern) erfolgreich zur Wehr setzten. Die Tochter des Drogenbosses konnte schließlich unversehrt befreit werden.

Mit der Besetzung des Justizpalasts im Jahre 1985 – den Auftrag dafür hatte Pablo Escobar erteilt – setzte die Guerilla ihren traurigen Höhepunkt. Zahllose Menschen starben in den Gefechten mit der Armee. Die im Anschluss an dieses Massaker stattfindenden Verhandlungen mit der Regierung bewirkten die Demobilisierung der Guerilla und deren Umwandlung in eine legale Partei (Alianza Democrática M-19).

Wie verhielt sich nun der kolumbianische Staat gegenüber diesen staatsfeindlichen Organisationen kommunistischen Ursprungs?

Gespräche mit der Guerilla haben in Kolumbien eine lange Tradition und fanden bereits Anfang der 1980er Jahre unter dem damaligen Präsidenten Belisario Betancur statt. Demzufolge wurde 1984 ein Waffenstillstand vereinbart sowie versprochen, berechtigte politische Vorschläge der FARC, betreffend Agrarreformen und der Besserstellung der Bauern und Indianer zu berücksichtigen, was allerdings aus den Mündern der Guerilleros mehr wie lächerlich klang, wenn man bedenkt, dass auch die Rebellen Bauern und Eingeborene reihenweise umbrachten, um an deren Land zu kommen.

Die FARC war dennoch auf dem Weg, sich politisch zu etablieren und sollte mit der Gründung einer politischen Partei, der Union Patriotica (UP), zu einer legalen Kraft im Land werden.

Doch es kam wieder einmal ganz anders: Aufkommende paramilitärische Verbände, die schon dazumal oft mit staatlicher Unterstützung agierten, da der politische Geldadel Kolumbiens naturgemäß mit der Guerilla auf Kriegsfuß stand, begannen die Mitglieder der UP zu verfolgen und umzubringen, um so die politische Etablierung der verfeindeten Guerilleros zu verhindern. Radikale Elemente der FARC brachen daraufhin den Waffenstillstand und verübten zahlreiche Anschläge. Es folgten zwar weitere Friedensgespräche, die jedoch allesamt im Ergebnis fruchtlos waren.

Erst mit der im Jahre 1998 erfolgten Amtsübernahme von Präsident Andrés Pastrana kam wieder neues Leben in die stagnierenden Verhandlungen. Kolumbien sollte zu einem Staat mit mehr sozialer Gerechtigkeit werden. Darüber hinaus sicherte Pastrana der FARC eine so genannte entmilitarisierte Zone zu – einen Staat im Staat im südlichen Teil des Landes, der die Größe der Schweiz hatte. Es folgten medienwirksame Gespräche zwischen dem Präsident und dem Guerilla-Führer *Manuel Marulanda* sowie der wechselseitige Austausch von Guerilla-Geiseln und inhaftierten Rebellen. Trotzdem fand die Gewalt kein Ende. Ein entscheidender Grund dafür waren wieder einmal die paramilitärischen Verbände, die ihren Machteinfluss enorm erweitert hatten und verstärkt Guerillagebiete „zurückeroberten".

So waren letztendlich auch diese Verhandlungen zum Scheitern verurteilt. Die Guerilla nutzte das zugestandene Gebiet in der Folge als Rückzugsgebiet, von wo aus weiterhin kriminelle Handlungen völlig ungestört gesetzt werden konnten.

Dieser neuerliche Rückschlag ließ einen weiteren Akteur auf der Bildfläche erscheinen. Die USA leiteten mit dem so genannten „Plan

Colombia" Ende der 1990er Jahre die Aufrüstung des kolumbianischen Militärs in die Wege, um die Guerilla ein für alle Mal zu zerschlagen.

Daneben begann aber auch die amerikanische Weltpolizei selbst unter dem Kommando ihres „Oberscherriffs" George W. Bush zum Stichtag 11. September 2001 kräftig aufzurüsten. Ob der amerikanischen Regierung dieser Terroranschlag am Ende gar nicht so ungelegen kam, damit die Kriege gegen „das Böse" – hinter dem in Wahrheit die Sicherung der Ölreserven steht – rechtfertigen zu können, bleibt allerdings ein gut verborgenes Politikgeheimnis. Fest steht jedoch, dass der politische Einfluss der Waffenlobby und Geheimdienste auf die amerikanische Regierung seit jeher enorm ist und die an der Macht befindlichen Politiker das Land nach den Vorgaben dieser beiden Machtverbände zu führen haben.

So ist es auch weiter nicht verwunderlich, dass neben anderen ölreichen Ländern, wie etwa dem Irak, auch Kolumbien mit seinem „Guerillaproblem", das man – zynisch betrachtet – politisch durchaus als internationale Terrorgefahr verkaufen konnte, ins Visier der USA kam. Nachdem die Bush-Regierung die Ängste vor dem Bösen in der eigenen Bevölkerung erfolgreich geschürt hatte, konnte somit auch in Kolumbien mit der Bekämpfung des Terrorismus begonnen werden.

Das Geschäft mit dem Krieg schien dabei aus Sicht der US-Regierung und deren Lobbyisten durchaus viel versprechend zu sein:

Die kolumbianischen Ölreserven konnten unter dem Deckmantel der Terrorbekämpfung gesichert werden, die Waffenindustrie erschloss gleichzeitig einen neuen Markt und die nicht minder mächtige Chemie-Branche steigerte ihre Absätze durch den Verkauf von in Amerika verbotenen Giften, die auf den verteufelten Kokastrauch in Kolumbien gesprüht wurden und immer noch werden, um dem Drogenhandel ein Ende zu bereiten.

Auch die Milliarden Dollar Staatsunternehmen, DEA und CIA, fanden so wieder verstärkt Beschäftigung und rechtfertigten damit ihre Existenz, obwohl die erzielten Ergebnisse unter dem Strich weiterhin gleich null waren. Bis dato hat sich die Situation nicht verändert und die Drogen strömen nach wie vor tonnenweise in die USA.

Noch im Jahre 2002 wurde daher die entmilitarisierte Zone der Guerilla aufgehoben und der neu gewählte kolumbianische Präsident, Álvaro Uribe, verkündete, ganz auf amerikanischer Linie liegend, unter dem klingenden Namen „Plan Patriota" den Kampf gegen die Guerilla zu eröffnen.

Die durch ausländisches Kriegsgerät gestärkte kolumbianische Armee startete in der Folge die Militärangriffe im Süden des Landes und konnte unter Mitwirkung paramilitärischer Verbände zunächst gute Erfolge gegen die Rebellen verbuchen. Die FARC war angeschlagen und begann sich zurückzuziehen. Dieser Rückzug darf aber keinesfalls als Sieg des Staates gedeutet werde, wie das in Kolumbien geschehen ist. Vielmehr stellt dieses Verhalten eine typische Guerillataktik dar, die es, wenn man Guerilla-Verbände anderer Staaten als Maßstab nimmt, auch unmöglich macht, die Rebellen endgültig besiegen zu können.

Nicht zuletzt aufgrund der unzugänglichen kolumbianischen Grenzgebiete gerieten die anfänglichen Erfolge daher zunehmend dort ins Stocken, wo effektive Grenzkontrollen kaum möglich sind. So sammelte sich die kolumbianische FARC unter anderem sowohl auf ecuadorianischem und venezolanischem Staatsgebiet, aber auch zunehmend in den kolumbianischen Großstädten, die ebenfalls die Möglichkeit boten, dort unterzutauchen.

Aus dieser gesicherten Abwehr heraus setzte die Guerilla nun in Folge nur mehr kleine, aber wirksame Angriffe, anstatt den offenen Großkonflikt zu suchen. Die weiteren Entwicklungen sind daher klar erkennbar: Die kolumbianische Guerilla wird ihre den Staat bekämpfenden Aktionen noch weiter zurückschrauben und sich zunehmend als reine Drogenmafia etablieren.

Das Jahr 2008 war allerdings aus Sicht der Guerilla dennoch äußerst verlustreich. Bei einem Luftangriff auf ecuadorianischem Gebiet konnte das kolumbianische Militär den FARC-Führer *Raúl Reyes* töten. Dieser unter Grenzverletzungen getätigte Angriff führte – wenig überraschend – in der Folge zu einer diplomatischen Krise zwischen den beiden Ländern. Probleme gab es jedoch auch mit Venezuela. Immer wieder kam es auf dem Hoheitsgebiet des Nachbarstaats, im Zuge der Bekämpfung der Guerilla, zu Einsätzen kolumbianischer Streitkräfte.

In den darauf folgenden Monaten schlitterte die FARC immer tiefer in die Krise. Weitere Führungskader wurden getötet, bzw. festgenommen. Ausgesetzte Kopfgelder sorgten für Verrat innerhalb der Gruppe. Darüber hinaus verlor die FARC zunehmend den Rückhalt aus der Bevölkerung. Während sich die paramilitärischen Verbände sowie deren Nachfolgeorganisationen über zusätzliche Mitglieder freuen konnten, waren immer weniger Menschen bereit, sich der Guerilla anzuschließen. Der von Uribe eingeleitete Demobilisierungsprozess, in dem paralitärische Streitkräfte und Guerilleros zur Waffenabgabe ermuntert werden sollten, tat ihr Übriges und ließ die Zahl der Guerilleros von an die 20.000 auf weniger als die Hälfte schrumpfen. Da sich allerdings viele der demobilisierten Kämpfer einfach den neu entstandenen Drogenbanden anschlossen, kam es durch diese Demobilisierung nur zu einer Problemverlagerung. Zwar hatte der Staat die „glorreiche Idee", ehemalige Guerilleros und Paramilitärs in den Militärdienst aufzunehmen, doch konnte auch diese „Strategie" ein Scheitern der Demobilisierung nicht verhindern.

Ein weiterer, medienwirksamer Erfolg für die kolumbianischen Streitkräfte war die so genannte „Operation Jaque", im Zuge welcher im Jahre 2008 eine spektakuläre Geiselbefreiung der prominenten FARC-Gefangenen Ingrid Betancourt gelang. Kritische Stimmen behaupten allerdings, dass es sich hierbei nicht um eine militärstrategische Meisterleistung gehandelt habe, sondern schlichtweg Lösegeldzahlungen geflossen seien, um die Beliebtheitswerte des kolumbianischen Ex-Präsidenten, dessen Kampf gegen die Rebellen allmählich ins Stocken geraten war, zu steigern. Betrachtet man diese Aktion im Zusammenhang mit vorherigen Geiselbefreiungen, bei denen Uribes politischer Rivale Hugo Chávez erfolgreich vermittelt hatte, erscheint diese Theorie nicht ganz unwahrscheinlich.

Wie auch immer es gewesen sein mag, die Rechnung des kolumbianischen Ex-Präsidenten war voll aufgegangen und seine Zustimmungswerte schossen regelrecht in die Höhe.

Nach diesen militärischen Erfolgen begann sich jedoch die Lage zunehmend zu verkomplizieren. Die Guerilleros zogen sich, wie schon erwähnt, zurück und beschränkten sich auf gelegentliche Terroranschläge. Darüber hinaus war aus der Guerilla eine gewöhnliche Drogenmafia geworden, in der politische Zielsetzungen keine Rolle mehr spielten. Längst kontrollieren heutzutage auch die Rebellen sämtliche Stufen des Drogenhandels – von der Kultivierung, bis hin zum Export. Um den Gewinn im Drogenhandel zu maximieren, kommt es derzeit auch zu Kooperationen zwischen Drogenbanden, ehemaligen Paramilitärs und den Rebellen – nicht selten wechseln die Mitglieder dieser Verbände die Fronten und treten einfach einer anderen Organisation bei.

Uribe's Versuch, „seine" Paramilitärs zu retten und die Guerilla zu zerschlagen, zeigte daher nur die politische Ahnungslosigkeit eines „amerikahörigen" Politikers auf, der letztendlich – ebenso wie seine Vorgänger, die allesamt dem Land keinen Frieden bringen konnten – mit seinem Kampf scheitern sollte.

Im heutigen Kolumbien agieren nunmehr neue Splittergruppen der Parmilitärs, die sich gemeinsam mit Drogenbanden das lukrative Drogengeschäft mit einer zwar angeschlagenen, aber immer noch aktiven Guerilla teilen.

Das Guerilla-Problem sowie jenes der paramilitärischen Nachfolgeorganisationen und Drogenmafia ist daher in Wahrheit längst zu einer nicht mehr lösbaren Materie geworden, wobei die Gründe dafür in vergangenen Zeiten zu suchen sind:

Der schwache und korrupte kolumbianische Staat sowie dessen unfähige Politiker waren damals nicht in der Lage, den aufkommenden Fehlentwicklungen rechtzeitig gegenzusteuern. Hätte man es geschafft, die Guerilla-Bewegung in ihrer Anfangszeit, als sie tatsächlich noch politische Ideale hatte, als politische Partei zu integrieren, gäbe es heute wahrscheinlich kein Problem mit den Rebellen.

Nun ist es dafür allerdings zu spät. Die heutige Guerilla ist zu einer reinen Drogenmafia geworden, die mit Politik nichts mehr am Hut hat. Aufgrund der Einträglichkeit des Geschäfts können die zu Drogenhändlern mutierten Rebellen nun auch nicht mehr dazu bewegt werden, einen „ehrenwerten" Weg einzuschlagen.

Die Problemfelder Kolumbiens, nämlich Paramilitarismus, Drogenbanden und Guerilla, können daher heute unter dem gemeinsamen Begriff „internationale Drogenmafia" zusammengefasst werden, weshalb diese Problematik auch nur mehr in Kooperation mit allen beteiligten Ländern in bestimmten Bahnen gehalten werden kann.

Wie bereits jetzt erkennbar, werden diese neuen Entwicklungen allerdings auch die Strategie der Rebellen entscheidend verändern. Die politisch motivierten Kampfhandlungen gegen den Staat sowie andere Aufsehen erregende Handlungen, wie etwa Entführungen, werden weiter zurückgehen, da sich die Guerilla voll und ganz dem Drogenhandel widmen wird. Durch diese Neuformierung wird allerdings die Gewalt insgesamt nicht abnehmen. Vielmehr werden nämlich verstärkt Probleme auftreten, die für das Drogengeschäft typisch sind – wie etwa Revierkämpfe, Bestechung sowie die Vertreibung und Tötung der ländlichen Bevölkerung. Die zurzeit herrschenden Bandenkriege sowie eine Rekordzahl an Binnenflüchtlingen sprechen schon jetzt eine klare Sprache.

Kolumbien wird somit auch bis auf weiteres und ohne absehbare Aussicht auf Änderung ein Land der Gewalt bleiben, dessen Schicksal von unfähigen und korrupten Politikern besiegelt wurde, die so sehr damit beschäftigt waren (und im Übrigen auch heute noch sind), ihre eigene Macht abzusichern, statt die Guerilla zu einem Zeitpunkt politisch integriert zu haben, als dies noch möglich war.

Der Aufstieg der Paramilitärs in Kolumbien

Die ersten paramilitärischen Gruppierungen tauchten bereits in den 1950er Jahren im südkolumbianischen Department Tolima auf. Diese Banden entstanden als Gegenpol zu den dort operierenden Guerillaverbänden und sollten zunächst die reichen Großgrundbesitzer der Umgebung beschützen.

Als in der Folge die kolumbianischen, aber auch ausländischen Militärs den Wert dieser Kämpfer erkannten, wurden selbige zunehmend von den Staaten geschult, um sie als Spitzel oder ausgelagerte staatliche Soldaten, die wesentlich problemloser und grausamer in ihrer rechtlichen Grauzone agieren konnten, einzusetzen.

Eine weitere Gründungsstätte des Paramilitarismus waren die kolumbianischen Smaragdgebiete, in denen seit den 1960er und 1970er Jahren immer wieder Bandenkriege um die noch konzessionsfreien Rechte tobten. Kontrollierte ein Capo eine Mine, musste er diese gegenüber seinen Mitstreitern verteidigen, weshalb die Gründung einer privaten Armee erforderlich war.

Aber auch die Drogenmafia machte sich das paramilitärische Model zunutze. So wurde im Jahre 1981 MAS (Tod den Entführern) als die erste paramilitärische Narco-Kampftruppe gegründet, um die von der M-19 Guerilla entführte Tochter Fabio Ochoa Seniors zu befreien. Da die Capos aber auch über riesige Ländereien verfügten, war es auch außerhalb der Städte notwendig, private Armeen aufzustellen oder mit bereits bestehenden Verbänden zu kooperieren, um die Grundstücke, bzw. die darauf befindlichen Drogenlabors zu beschützen. Hier war es vor allem der Sicherheitschef des Medellin-Kartells, Gonzalo Gacha, der nach seiner Zeit im Smaragdgeschäft mit paramilitärischen Strukturen vertraut war und in Folge seine eigenen Kampftruppen rekrutierte, die zumeist aus loyalen Bauern aus seiner Heimatstadt Pacho stammten und die er dann zur Bewachung der Drogenlabors und Grundstücke sowie zur Bekämpfung der Guerilla und gewaltsamen Annexion von weiteren Ländereien einsetzte.

Um den modernen Paramilitarismus in Kolumbien verstehen zu können, ist es allerdings unvermeidlich, sich mit den folgenden drei Namen vertraut zu machen: Fidel, Carlos und Vicente Castaño.

Fidel Castaño verdingte sich zunächst als Minenarbeiter in Britisch Guyana (goldreiches Nachbarland von Venezuela) und war bereits in den 1970er Jahren mit Pablo Escobar geschäftlich verbunden. So stellte er unter anderem Kontakte mit Bolivien her, um den Nachschub mit Kokapaste für das im Aufbau befindliche Unternehmen Escobars aufrecht zu erhalten.

Als im Jahre 1979 sein Vater von der FARC-Guerilla entführt und ermordet wurde, formierte der inzwischen bereits wohlhabende Fidel gemeinsam mit seinen beiden Brüdern Carlos und Vicente eine paramilitärische Gruppe zur Bekämpfung der Rebellen. In der Folge agierte die Einheit um Fidel oftmals gemeinsam mit staatlichen Truppen und verrichtete neben der Tötung von Guerilleros auch grausamste Massaker an der zivilen Bevölkerung, die seiner Ansicht nach im Verdacht stand, mit der Guerilla zusammen zu arbeiten – in Wahrheit ging es bei diesen Morden jedoch ausschließlich um die illegale Landaneignung. Seine Skrupellosigkeit brachte Fidel später den Namen „Rambo" ein.

Die Castaño-Gruppe kooperierte mit Pablo Escobar bis zu dem Zeitpunkt, als dieser die zum Kartell gehörigen Banden der Galeanos und Moncadas zu ermorden begann. Einerseits vertrauten die Brüder Castaño dem Capo nicht mehr – wenn Escobar schon gegen seine eigenen Verbündeten vorging, um seine uneingeschränkte Vormachtstellung zu erhalten, hätten auch die Castaños die nächsten Opfer sein können – andererseits erkannten sie wohl auch schon, dass es mit Escobar bereits bergab ging, wodurch sie die Möglichkeit witterten, selbst die Macht über den Drogenhandel übernehmen zu können. Die Gründung der „Los PEPES", die Escobar schlussendlich auch zur Strecke brachten, war somit nur mehr eine logische Konsequenz.

Den nach dem Tod Escobars folgenden Aufstieg verdankte Fidel nicht zuletzt seinen hervorragenden militärischen Kenntnissen. Er verfügte über eine ausgezeichnete Verbindung zu israelischen Exmilitärs, die ihm im Zuge seiner zahlreichen Reisen nach Israel eine fundierte militärische Ausbildung angedeihen ließen.

Über sein Verschwinden im Jahre 1994 kursieren unterschiedliche Theorien. Die offizielle Version ist, dass Fidel Castaño im Kampf gegen die Guerilla gefallen ist.

Weiters wird jedoch auch die Meinung vertreten, dass einer der Gefolgsleute Escobars ihn aus Rachemotiven ermordet habe.

Da Fidels Leiche jedoch niemals gefunden wurde, gibt es allerdings auch noch eine dritte Theorie, die besagt, dass Fidel Castaño noch am Leben sei und irgendwo in Europa leben würde. Diese Annahme wird dadurch untermauert, dass seine „Witwe" im Zuge des Jahre später stattgefundenen Demobilisierungsprozesses der paramilitärischen Streitkräfte vor einer Kommission als Castaños „Ehefrau" erschien und um Vergünstigungen für ihren Gatten ansuchte...

Fidel Castaño war wegen eines Massakers an 45 Bauern und der Entführung und Ermordung eines konservativen Senators zu 30 Jahren Gefängnis verurteilt worden, bevor er verschwand.

Neben Fidel tauchte in den 1980er Jahren auch verstärkt der Name seines Bruders *Carlos Castaño* auf, der gemeinsam mit Fidel durch grausame Aktionen auf sich aufmerksam machte. Wie bereits erwähnt, folterten und ermordeten die Gruppen der beiden Brüder zahllose Menschen, um den Tod ihres Vaters zu rächen. Die Gewalt richtete sich allerdings nicht nur gegen Guerilleros, sondern auch gegen die Zivilbevölkerung, da neben der Befriedigung ihrer Rachegelüste schon bald die gewaltsame Annektierung von Ländereien, die dringend für den Anbau von Drogen oder die Errichtung von Labors benötigt wurden, auf ihrem Programm stand.

Nach dem Verschwinden seines Bruders Fidel übernahm Carlos das Kommando der bereits bestehenden Verbände und gründete im Jahre 1994 die Autodefensas Campesinas de Córdoba y Urabá (ACCU, einem Zusammenschluss mehrerer paramilitärischer Gruppierungen). Bereits drei Jahre später vergrößerte Carlos den Wirkungsbereich der Paramilitärs mit der Gründung der Autodefensas Unidas de Colombia (AUC) – einer Organisation, die die wichtigsten paramilitärischen Gruppierungen in ganz Kolumbien vereinigte und der es de facto nur mehr um die Kontrolle des Drogenhandels ging.

Auch über Carlos Verbleib gehen die Meinungen auseinander.

Die offizielle Version ist, dass ihn sein Bruder Vicente im Jahre 2004 ermorden ließ, um ihn an einem Deal mit den USA zu hindern. Lange Zeit gab es jedoch auch im Fall Carlos Castaño keine Leiche. Mit dem schließlich doch noch folgenden Fund von verkohlten Überresten eines Körpers, der dem paramilitärischen Führer zugeschrieben wurde, bleiben jedoch erhebliche Zweifel an dessen Tod im Raum stehen. Es wird daher auch bei Carlos Castaño – ebenso wie bei seinem Bruder Fidel – die Meinung vertreten, er sei noch am Leben. Der ehemalige Chef der Paramilitärs soll seine Einstellung zum Drogenhandel geändert haben und den USA einen Deal vorgeschlagen haben. Die Amerikaner sollen ihm daraufhin via Panama zur Flucht nach Israel verholfen haben. Diese Theorie konnte allerdings niemals bestätigt werden.

Fest steht jedoch, dass die aus den drei Brüdern bestehende paramilitärische Führungsspitze über ein enormes politisches Insiderwissen verfügte, dessen mögliches Bekanntwerden so manchen Organisationen und Politikern ein Dorn im Auge gewesen wäre...

Vicente Castaño, der dritte Bruder im Bunde, war Mitbegründer des überregionalen paramilitärischen Verbandes AUC und als Stratege der Organisation tätig. Vicente blieb auch noch nach dem Demobilisierungsprozesses 2006 im „Geschäft" und wurde als der Kopf einer neuen paramilitärischen Einheit mit dem Namen „Aguilas Negras" genannt, die seit dem Abbau der AUC in Kolumbien ihr Unwesen treibt.

Es wird vermutet, dass Vicente ermordet und verbrannt wurde, wobei allerdings auch in seinem Fall Gerüchte im Umlauf sind, dass er, ebenso wie seine Brüder, den Tod nur vorgetäuscht hatte, um – in seinem Fall – der drohenden Auslieferung in die USA zu entgehen.

Neben den Brüdern Castaño fanden sich zwei weitere Führungsmänner im Netzwerk des Paramilitarismus: *Salvatore Mancuso* und *Don Berna alias Diego Murillo*.

Mancuso, dessen Name traditionell eng mit der kalabrischen Mafia verbunden ist und den man nicht nur aus dem Damenschisport kennt, war zunächst der zweite starke Mann im Verband der AUC und rückte nach dem Verschwinden Carlos Castaños an die Führungsspitze.

Der im Jahre 2006 demobilisierte Capo war für über 300 Morde verantwortlich. Seine Auslieferung in die USA erfolgte im Jahre 2008.

Don Berna, der vom Guerillero zum Drogenboss und Paramilitär „aufstieg", war der starke Mann in Medellin und übernahm nach Pablo Escobar dessen „Oficina Envigado". Mit Hilfe der Paramilitärs, deren Führungsspitze er angehörte, kontrollierte er die Stadt und hielt so das gesamte Bandenwesen in Schach. Ebenso wie Mancuso wurde auch der demobilisierte Don Berna im Jahre 2008 an die USA ausgeliefert.

Sowohl Mancuso als auch Don Berna waren im Gegensatz zu Carlos Castaño, der sich zunehmend vom Drogenhandel distanziert haben soll, bis zu ihrer Auslieferung tief in das illegale Geschäft verstrickt.

Wie konnten nun die Paramilitärs, die ursprünglich nur als kleine Gruppierungen individuell agierten und über das ganze Land verstreut waren, zu einer solch mächtigen Organisation werden?

Dieser Prozess war, wie bereits erwähnt, der Verdienst von Carlos Castaño, der den Zusammenschluss zu der überregionalen Einheit AUC in die Wege geleitet hatte, wodurch die Paramilitärs zunehmend an Macht und Einfluss gewinnen konnten. Ganze Landstriche (vor allem der Norden

Kolumbiens – während der Süden weiterhin von der Guerilla kontrolliert wurde - konnten so in der Folge unter ihre Kontrolle gebracht werden.

Um die militärische Oberhand in diesen Gebieten dauerhaft und legal aufrechterhalten zu können, mussten allerdings auch die Politiker mitspielen, die durch Bestechungsgelder zu paramilitärischen Marionetten gemacht wurden – wer sich widersetzte, wurde umgebracht.

Diese Methode war so erfolgreich, dass die paramilitärischen Verbände, bzw. ihre Nachfolgeorganisationen auch heute noch in denen von ihnen kontrollierten Gebieten bestimmen, welcher Politiker eine Wahl gewinnt. Truppenmitglieder gehen von Haus zu Haus und bieten den armen Bewohnern Haushaltsgeräte oder andere nützliche Dinge, wie etwa Ziegel für den Hausbau, für ihre Stimmen an. Nicht selten wird die ländliche Wahlbevölkerung auch bedroht und im besten Fall vertrieben, sollte der protegierte Kandidat nicht unterstützt werden.

Am Wahltag selbst müssen die Stimmzettel in den Dörfern teilweise offen ausgefüllt werden. Beliebt ist es auch, Verstorbene in die Wählerlisten aufzunehmen, um so die Stimmenanzahl zu erhöhen. Mit Hilfe dieser Methoden können jede Menge Stimmen gesammelt werden, auf die selbst ein Präsident nicht verzichten kann...

Aber auch in den Städten findet diese Art von Stimmenkauf statt. Das paramilitärische Fußvolk macht Hausbesuche bei den Ärmsten, während die Politiker versuchen, mit Wahlkampfgeldern ihrer paramilitärischen Freunde ausgestattet, die Masse der armen, städtischen Jugend mit T-Shirts, einem Essen und kleinen Geldbeträgen auf lächerlich anmutenden Wahlveranstaltungen zu ködern.

Neben der Infiltrierung der kolumbianischen Politik haben die Paramilitär aber auch seit jeher ein Naheverhältnis zu den in Kolumbien ansässigen ausländischen Firmen, allen voran den amerikanischen Konzernen, die nicht auf die Dienste der „Paras" verzichten wollen. Die Todesschwadronen sollen nicht nur ihre Arbeiter vor Entführungen durch die Guerilla beschützen, sondern werden auch engagiert, um kein unliebsames, gewerkschaftlich-linkes Gedankengut aufkommen zu lassen, das möglicherweise den Profit schmälern könnte. So flossen ab dem Jahr 1997 großzügige Spendenbeträge einiger westlicher Firmen (z.B. Chiquita Brands International) in die Kasse der Todesschwadronen. Kolumbien war im Übrigen im Jahre 2009 mit fast der Hälfte der hundert an Gewerkschaftern weltweit begangenen Morde, uneingeschränkter Spitzenreiter.

Haupteinnahmequelle der Paramilitärs, bzw. Ihrer Nachfolgeorganisationen bleibt aber nach wie vor der Handel mit Drogen. Nachdem die größten Drogenkartelle zerstört waren, hatten die „Paras" ohne Probleme die Geschäfte ihrer ehemaligen Verbündeten übernehmen können. Doch Drogenhandel ist nicht gleich Drogenhandel. Das Geschäft mit den illegalen Substanzen ist in unterschiedliche Produktionsstufen eingeteilt, die von der Kultivierung über die Verarbeitung bis hin zum Transport reichen. Da die Paramilitärs ihre Geschäfte hauptsächlich auf die profitabelsten Bereiche, nämlich die Verarbeitung und den Transport konzentrierten, war es ihnen auch möglich, enorme Gewinne zu erzielen und so, neben der Guerilla und den weiterhin bestehenden Drogenbanden, zu einer der einflussreichsten Drogenmafia in Kolumbien zu werden.

Seit der Gründung der ersten illegalen paramilitärischen Verbände hatte der kolumbianische Staat ein Naheverhältnis zu denselben. So war es weiter nicht verwunderlich, dass der Staat seit dem Jahre 1994 danach bestrebt war, den gesteigerten Guerillaaktivitäten auch durch die Gründung von legalen Schutztruppen entgegenzuwirken. Nachdem die gesetzliche Grundlage geschaffen war, begannen sich sofort einige paramilitärische Verbände in diese vom Staat genehmigten Schutztruppen umzuwandeln, wodurch diesen die Möglichkeit gegeben war, völlig legal unter dem klingenden Namen CONVIVIR (aus dem Spanischen „convivencia para ayudar", „ein Zusammenleben um zu helfen") zu agieren.

Ein starker Befürworter dieser Gruppen war der damalige Gouverneur von Antioquia, Álvaro Uribe, der die CONVIVIR als seine persönliche Schutzstaffel einsetzte, nachdem ein Großteil dieser Männer von Salvatore Mancuso – dem späteren Boss der Paramilitärs, der wiederum seinerseits, ebenso wie die Castaño-Brüder, von den Israelis ausgebildet worden war – geschult wurden. Die CONVIVIR Truppen brachten jedoch keine erwähnenswerten Erfolge im Kampf gegen die Guerilla und versanken relativ rasch wieder in der Illegalität, nachdem sie von den seit dem Jahre 1997 überregional vereinigten Paramilitärs aufgesogen worden waren.

Unter dem Deckmantel der Guerilla-Bekämpfung, der den rechten Todesschwadronen die staatlich geduldete Legitimation für ihre Aktivitäten gab und so auch die stattliche Unterstützung zusicherte, wurden von den Paramilitärs grausamste Verbrechen begangen. Sobald jemand unter Verdacht stand, mit der Guerilla zu kooperieren, war sein Schicksal besiegelt. Die Opfer wurden zu Tausenden mit Macheten zerhackt, verbrannt oder mit Kettensägen zerstückelt. Besonders beliebt waren

Fußballspiele mit den abgetrennten Köpfen der Opfer. Oftmals töteten diese „Schutztruppen" aber auch aus reiner Langeweile.

Wie bereits erwähnt, erfolgten die Morde gelegentlich in Kooperationen mit dem kolumbianischen Militär und falls jemand aus unpolitischen Motiven beseitigt werden sollte, weil er etwa kein Schutzgeld bezahlt hatte oder das eigene Land nicht widerstandslos aufgeben wollte, zog man den Opfern einfach Uniformen der Guerilla an („falsos positivos"), um so die Morde rechtfertigen zu können. Zahlreiche Mitglieder der kolumbianischen Armee und Exekutive stehen heute im Verdacht, an solchen Morden beteiligt gewesen zu sein.

Durch das skrupellose Vorgehen der AUC wurde deren Einflussbereich immer größer. Obwohl die wichtigsten Truppen seit dem Jahre 1997 unter einem gemeinsamen Namen vereinigt waren, bestand die AUC immer noch aus so genannten Blöcken, die in den diversen Regionen Schrecken verbreiteten und unterschiedlich erfolgreich agierten. So stand der Norden Kolumbiens bereits nahezu zur Gänze unter Kontrolle der Paramilitärs, während die Urwaldgebiete des Südens weiterhin Guerillagebiet blieben.

Wie bereits erwähnt, kam es in den von den Todesschwadronen kontrollierten Gebieten auch zu einer Beeinflussung der Politik. Politische Gegner wurden umgebracht und Wahlen manipuliert. So wie es die Drogenmafia in den 1980er Jahren getan hatte, infiltrierten nun die Paramilitärs den Staat, wobei ihr Einfluss solche Dimensionen annahm, dass sie später sogar in der Lage waren, den Präsidenten des Landes zu bestimmen...

Als Álvaro Uribe im Jahre 2002 zum Staatsoberhaupt gewählt wurde, vergaß er daher nicht auf seine Wahlhelfer und beschloss einen Deal, um die Todesschwadronen von ihren Verbrechen rein zu waschen. Im Zuge einer so genannten Demobilisierung sollten die Paramilitärs ihre Waffen niederlegen und dadurch in den Genuss von nur geringen Haftstrafen kommen. Viele der Bosse ließen sich in der Folge auf diesen Deal mit der Regierung ein. Sie wussten genau, dass sie andernfalls aufgrund ihrer Tätigkeit im Drogenhandel Gefahr liefen, früher oder später an die USA ausgeliefert zu werden. Allerdings waren es nicht nur die Paramilitärs, die den Regierungsvorschlag akzeptierten, sondern auch Drogenhändler, die mit Paramilitarismus an und für sich nichts zu tun hatten.

Als Folge davon stellten sich neben diversen Bossen der Paramilitärs auch gewöhnliche Mafiosi, um die Verhandlungen mit dem Staat führen zu können. Allerdings waren die Grenzen zwischen diesen beiden „Spezies" in nahezu allen Fällen ohnehin verschwommen...

Den reuigen Kriminellen wurde jedenfalls ein eigenes Territorium zur Verfügung gestellt, das sie nur in Ausnahmefällen verlassen durften. Dass man den einen oder anderen Verbrecher trotzdem des Öfteren beim Shopping oder im Nachtleben antreffen konnte, verwunderte die kolumbianische Öffentlichkeit...

Nachdem sich ein Großteil der Bosse gestellt hatte, begannen die einzelnen Blöcke der AUC ab dem Jahre 2004 ihre Waffen niederzulegen. Allerdings geschah das nur äußerst zögerlich und vielfach war es altes, nutzloses Kriegsgerät, das dem Staat vorgelegt wurde, während die modernen Geräte weiterhin im Besitz nicht demobilisierter Mitglieder blieben.

Als nächster Schritt musste ein neues Gesetz erlassen werden. Das so genannte „Gesetz über Gerechtigkeit und Frieden" beinhaltete daher ein Angebot der von Parmilitärs infiltrierten Regierung – nach den Worten Salvadore Mancusos handelte es sich dabei um 30 Prozent der gesamten Staatsführung – an die Bosse der Todesschwadronen, damit sich diese von ihren Taten reinwaschen konnten.

Uribe musste allerdings bald einsehen, dass sich sein paramilitärisches Hilfsprojekt aufgrund der Verbindungen seiner Wahlhelfer mit dem Drogenhandel sowie der Uneinsichtigkeit der Capos in Bezug auf Wiedergutmachung international nur schlecht verkaufen ließ. Daneben hagelte es aber auch innenpolitische Kritik – die Verbrecher sollten nicht aufgrund dieser eigens für sie erlassenen Gesetze in den Genuss einer nur kurzen Haftstrafe kommen.

Um diesem Dilemma zu entgehen, sah sich die kolumbianische Regierung daher genötigt, die Bosse nun doch für die Auslieferung freizugeben. So wurden im Jahre 2008 die Köpfe der Paramilitärs, unter ihnen Salvatore Mancuso und Don Berna, in die USA überstellt und zu langjährigen Haftstrafen verurteilt.

Beobachtet man dieses Schauspiel der Demobilisierung bis hin zur Auslieferung, so tauchen jedoch einige Ungereimtheiten auf.

Wurden die paramilitärischen Bosse von der kolumbianischen Regierung dahingehend übervorteilt, dass sie letztendlich doch ausgeliefert wurden, obwohl ihnen für ihre Waffenniederlegung nur geringe Haftstrafen versprochen worden waren? Waren die Anführer schlichtweg „dumm", sich auf einen Deal einzulassen und zu stellen? Oder ist alles gar nur eine politische Strategie?

Fakt ist, dass es in Kolumbien Stimmen gab, die gegen eine Auslieferung waren, um die Verbrechen der Paramilitärs restlos aufklären zu können.

Dies war jedoch nach der Außerlandesbringung der führenden Köpfe unmöglich geworden. Mit der Abschiebung der Capos und den mysteriösen „Todesfällen" der drei Castaño-Brüder war die gesamte paramilitärische Spitze mundtot gemacht worden, ohne dass eine nennenswerte Wiedergutmachung an die Opfer geleistet wurde. Das gute Verhältnis der Amerikaner zu rechten Verbänden in Südamerika ist ebenfalls hinlänglich bekannt. Man muss sich daher die Frage stellen, ob Àlvaro Uribe seine Wahlhelfer tatsächlich gänzlich im Stich gelassen hat oder ob die Auslieferung nicht doch nur ein politisch geplantes Schauspiel war.

In Kolumbien wird dazu die nicht bestätigte Meinung vertreten, dass die Bosse, ganz im Sinne ihres ursprünglichen Deals, im Rahmen des „Gesetzes über Gerechtigkeit und Frieden", nur wenige Jahre in amerikanischer Haft verbringen müssen und anschließend stillschweigend entlassen werden sollen, um ihre wieder erlangte Freiheit rein gewaschen von ihren Verbrechen genießen zu können.

Wahrscheinlicher als diese „kolumbianische Theorie" scheint es aber dennoch zu sein, dass die ausgelieferten Paramilitärs aufgrund ihrer starken Verbindungen mit dem Drogenhandel und ihrer mangelnden Kooperation von der kolumbianischen Regierung nicht mehr geschützt werden konnten, um nicht endgültig das Gesicht zu verlieren.

Es wird davon ausgegangen, dass in etwa 25.000 Morde, über 2.000 Fälle von „Verschwindenlassen" sowie hunderte Entführungen auf das Konto der Todsschwadronen gehen.

Das Problem des Paramilitarismus in Kolumbien konnte daher auch von Álvaro Uribe nicht gelöst werden. Im Gegenteil – durch den gescheiterten Demobilisierungsprozess, der nicht mehr als ein Hilfsprogramm für Uribes Wahlhelfer war, zerbrachen die Strukturen der AUC und ließen neue Splittergruppen entstehen, die seither versuchen, mit Gewalt ihre Reviere abzustecken.

Uribe, die „Marionette" der Paramilitärs, verkörperte somit einen Politiker, den sich der Staat über Jahre hinweg selbst heranzüchtete.

Durch die seit Bestehen des Paramilitarismus in Kolumbien herrschende Zusammenarbeit zwischen Todesschwadronen und Staat war es somit nur eine Frage der Zeit gewesen, bis ein Paramilitär an die Spitze des Landes kam.

Das über Jahrzehnte hinweg bestehende Naheverhältnis zwischen dem Staat und seiner kriminellen Hilfsorganisation sowie die stattgefundene Vermischung der beiden Bereiche stehen aber auch einer Lösung der Problematik im Wege. Der Paramilitarismus ist in Kolumbien inzwischen längst salonfähig geworden und hat in die Politik von heute Einzug genommen. Die Schuld an diesen Entwicklungen ist wieder einmal bei den Politikern der Vergangenheit zu suchen, die aufgrund ihrer machtpolitischen Streitereien, die im Bürgerkrieg der „Violencia" gipfelten, nicht in der Lage waren, dem Staat die nötige Stärke zu verleihen, um das Guerillaproblem schon in der Anfangsphase lösen zu können. So war es einzig und alleine die staatliche Unfähigkeit, welche die damaligen Großgrundbesitzer mit eigenen Kampftruppen zur Selbsthilfe greifen ließ.

Heute ist jedoch auch das Problem Paramilitarismus zu einer nicht mehr lösbaren Materie geworden. Jene einflussreichen und wohlhabenden Personen, die dem Paramiltarismus seit jeher nahe standen, haben längst ihren Platz in der Politik gefestigt. Nachdem die AUC zersplittert ist, ist das Heer der gewöhnlichen Kämpfer ebenso wie die Guerilla nunmehr als gewöhnliche Drogenmafia zu sehen, die das Drogenbusiness niemals aufgeben wird und dem Land weiterhin jene Probleme bereiten wird, die eine kolumbianische Mafia gewöhnlich mit sich bringt und die bereits im Zusammenhang mit der Guerilla erwähnt wurden:

Bestechung, Vertreibung der ländlichen Bevölkerung und Revierkämpfe – um nur einige davon zu nennen.

Die illegalen kolumbianischen Verbände im geschichtlichen Kontext

Schon kurz nach der Gründung eines kolumbianischen Staates im 19. Jahrhundert begannen einander die Angehörigen der beiden politischen Gruppierungen, Konservative und Liberale, aus machtpolitischen Gründen zu bekämpfen und gegenseitig umzubringen, anstatt ihre Energien auf den Aufbau des Landes zu konzentrieren. Diese politischen Auseinandersetzungen kosteten bis zum Ende des 19. Jahrhunderts an die 100.000 Menschenleben.

Das durch diesen Bürgerkrieg geschwächte Land versagte allerdings nicht nur dabei, seine internen Probleme zu bewältigen, sondern auch in der Verteidigung seiner eigenen Staatsgrenzen gegenüber Angriffen von Außen. So nutzten etwa die USA die Gunst der Stunde und initiierten im Jahre 1903 die Sezession der kolumbianischen Provinz Panama, um die Kontrolle über den kurz davor errichteten Panamakanal übernehmen zu können.

Nach einigen Jahrzehnten der Ruhe sollte gegen Ende der 1940er Jahre ein weiterer Bürgerkrieg folgen, der als einer der weltweit grausamsten landesinternen Auseinandersetzungen in die Geschichte einging. Wieder waren es die politischen Klassen der Liberalen und Konservativen, die einander gegenseitig aufgrund der bloßen Zugehörigkeit zu einer der beiden Gruppierungen umbrachten. Der Konflikt mit dem treffenden Namen „La Violencia" kostete damals an die 300.000 Menschenleben.

Nach einem kurzen Intermezzo einer Militärdiktatur in den 1950er Jahren – der im Übrigen einzigen in der Geschichte Kolumbiens – waren Liberale und Konservative im Jahre 1957 endlich in der Lage, ihren Konflikt in einem so genannten „Machtaufteilungspakt" beizulegen, der jeder Partei abwechselnd das Präsidentenamt zusicherte.

Damit hatte sich die politische Elite arrangiert und gleichzeitig den Grundstein für Korruption und Vetternwirtschaft gelegt.

Die 1950er und 60er Jahre ließen jedoch schon bald neue Probleme aufkommen. Während die politische Elite damit beschäftigt war, sich zu bereichern, vergaß sie dabei völlig auf die Basis der Bevölkerung – die einfachen Bauern. Eine Ausgangslage, die einen idealen Nährboden für kommunistisches Gedankengut bildete und darüber hinaus ganz im Interesse der Sowjetunion lag, die ab den 1950er Jahren danach strebte, kommunistische Gegenbewegungen rund um den Globus zu fördern, um so der Ausbreitung des Kapitalismus Einhalt zu gebieten.

Diese linken politischen Strömungen trafen nun auch in Kolumbien ein und führten in der Folge dazu, dass sich die vergessenen kolumbianischen Bauern in diversen Guerillaorganisationen zusammenschlossen, um sich gegen die verhassten Großgrundbesitzer, die im Übrigen auch über die Politik des Landes bestimmten, aufzulehnen. Da der Staat, d.h. im Besonderen seine Exekutive, in den ländlichen Gegenden nur schwach repräsentiert war, mussten sich die Eliten vor der nunmehr gegen sie gerichteten Gewalt schützen und begannen daher mit der Gründung so genannter paramilitärischer Verbände.

Damit war der Grundstein für eine neue Auseinandersetzung gelegt, die einmal mehr die politische Entwicklung des Landes hemmen sollte. Fortan kämpften nicht mehr Liberale gegen Konservative, sonder linke Rebellen gegen die politische Elite der Großgrundbesitzer sowie deren paramilitärische Schutztruppen.

Doch damit war nicht genug. Die korrupten, bestechlichen und nur auf den eigenen Vorteil bedachten kolumbianischen Politiker ermöglichten die Entstehung einer weiteren Gewaltquelle – jene der Drogenkartelle. Schon seit den 1960er Jahren kontrollierten diverse Banden den Handel mit Marihuana und unternahmen die ersten Versuche, die Droge dem neu entstandenen Markt in den USA zuzuführen. Ausgelöst durch den „Kokain-Boom" in den USA entstanden dann auch ab der Mitte der 1970er Jahre die ersten großen Organisationen, die zunehmend sämtliche staatliche Ebenen des Landes infiltrierten und so ihren Machteinfluss enorm steigern konnten.

Nun verkomplizierte sich die Lage noch zusätzlich, da sich zwischen den illegalen Organisationen der Drogenkartelle, der Guerilla und den Paramilitärs einerseits sowie dem kolumbianischen Staat andererseits, eigenartige Allianzen zu bilden begannen. So führten die Drogenkartelle zunächst Kriege gegen den Staat und die Guerilla, die eine Bedrohung für ihre riesigen Ländereien darstellte sowie gegen verfeindete Drogenorganisationen. Gleichzeitig standen die Kartelle jedoch auch mit der Guerilla in Geschäftsbeziehung, nämlich dann, wenn es um den Drogenhandel ging.

Die Paramilitärs kooperierten hingegen schon zur Zeit ihrer Gründung mit dem Staat im Kampf gegen die Guerilla, waren jedoch auch für den Schutz der Drogenkartelle, das heißt ihrer Besitztümer, Labors und Drogenrouten zuständig, ehe sie sich als „Los PEPES" mit dem Staat gegen das Medellin-Kartell verschworen, um in der Folge selbst das Drogengeschäft zu kontrollieren.

Die Guerilla bekämpfte den Staat zwar aus ursprünglich politischen Motiven, die allerdings schon bald keine Rolle mehr spielten.

Bei den ebenfalls stattfindenden Auseinandersetzungen zwischen Guerilla und Paramilitärs, bzw. ihrer Nachfolgeverbände ging es zunächst im Wesentlichen um gegenseitige Racheakte und Gebietsübernahmen. Heute hingegen verbindet die beiden Gruppierungen das gemeinsame Ziel der Maximierung des Drogenhandels, wodurch weitere Revierkämpfe, bzw. Kämpfe um die Annektierung von Ländereien zu erwarten sind.

Zwischen diesen über Jahrzehnte andauernden Auseinandersetzungen an mehreren Fronten steht nach wie vor die Zivilbevölkerung, die entweder von den Paramilitärs in Zusammenwirkung mit dem Staat oder von der Guerilla vertrieben, entführt oder ermordet wird – je nachdem, welcher Gruppierung sie angehört oder für zugehörig erklärt wird.

Nach der Zerschlagung der großen Kartelle, der intensiven Bekämpfung der Guerilla sowie der gescheiterten Demobilisierung der Paramilitärs, zeigt sich daher im heutigen Kolumbien folgendes Bild:

Die Guerilla wurde durch Uribes Vorstoß geschwächt und beginnt sich nun immer häufiger mit den paramilitärischen Nachfolgeorganisationen zu verbinden. Daneben sind auch noch diverse Drogenbanden aktiv, die allerdings nicht mehr die Größe der einstigen Kartelle erlangen. Diese nunmehr kooperierenden drei Beteiligten verfolgen heute ein gemeinsames Ziel – die Maximierung des Drogenhandels mit all seinen anhaftenden Problemen, die Kolumbien auch in Zukunft beschäftigen werden.

Die Situation in Medellin nach Pablo Escobar

Die Bevölkerung in Medellin kam auch nach dem Tode Escobars nicht zur Ruhe. Aufgrund seiner strategisch wichtigen, zentralen Lage war die Stadt auch in der Zeit nach dem Kartell von außerordentlicher Wichtigkeit für den Drogenhandel – wer diese Stadt im Herzen Kolumbiens kontrolliert, befindet sich in der Mafiahierarchie ganz oben.

Medellin hat über zwei Millionen Einwohner und ist in 16 Bezirke („Comunas") eingeteilt, die sich ihrerseits in 249 Stadtteile („Barrios") gliedern. Das Einkommen bestimmt, ob man in einer der besseren Gegenden leben kann (z.b. Poblado, wo die Mieten bei etwa 300EUR monatlich beginnen) oder in einem der zahlreichen Elendsviertel, die sich die umrandenden Berge hinaufziehen (z.B. in z.B. Santo Domingo sind Unterkünfte für 50EUR pro Monat zu haben). Es waren diese armen Stadtteile, die durch den Zuzug der Binnenvertriebenen bereits in den 1970er Jahren entstanden und der Mafia sowie anderen kriminellen Vereinigungen das menschliche Material für ihre illegalen Aktivitäten lieferten.

Welche illegalen Verbände konnte (und kann) man nun in Medellin finden?

Bereits in den frühen 1980er Jahren begannen Milizen der Guerilla, die Städte und hier im Besonderen die Arbeiterviertel zu infiltrieren. Von den drei wichtigsten, bereits genannten, Guerilla-Bewegungen FARC, ELN und M-19 war letztere die zunächst am stärksten in den Ballungsgebieten vertretene Organisation. Daneben waren allerdings auch noch zahlreiche Splittergruppen tätig. Im Prinzip agiert die so genannte Stadtguerilla genauso wie ihre Gesinnungsgenossen im ländlichen Raum. So werden auch in den Städten Schutzgelder eingehoben und Kriminelle sowie konkurrierende Banden bekämpft, um weitere Gebiete unter Kontrolle zu bringen. Eine wichtige Einnahmequelle der Guerilla war darüber hinaus die Entführung wohlhabender Personen, um Lösegelder erpressen zu können. Dieses „Geschäft" ist allerdings in jüngster Zeit stark zurückgegangen, da sich nunmehr auch die Guerilla ausschließlich auf den Handel mit Drogen spezialisiert hat. Der politisch-ideologische Gedanke spielt bei den Aktionen der heutigen Rebellen keine Rolle mehr.

In der Zeit, als das Medellin-Kartell über die absolute Macht in Medellin verfügte, war auch die Guerilla in die Organisation unter Escobar eingebunden. So wies ein gescheiterter Entführungsversuch der Tochter Fabio Ochoa Seniors die linken Rebellen schon Anfang der 1980er Jahre in ihre Schranken. Wie alle Banden musste daher auch die Stadtguerilla an das „Oficina Envigado" Beiträge leisten, um nicht ausgelöscht zu werden.

Wenn es ihm notwendig erschien, scheute Escobar daher auch nicht davor zurück, mit den Rebellen der Stadt zusammenzuarbeiten. So beauftragte er etwa die M-19 Guerilla für das Attentat auf den Justizpalast in Bogotá.

Ebenso wie die Guerilla-Milizen mussten sich auch sämtliche Banden in Medellin dem Capo unterordnen. Escobar konnte sich somit in den 1980er Jahren in der für ihn persönlich so wichtigen Rolle des „Patron de Verdad" (der wahre Patron) sehen. Den Banden war es in dieser Zeit zwar gestattet, ihren Geschäften nachzugehen, sie waren aber dazu verpflichtet, einen Teil ihrer Gewinne an das „Oficina Envigado" abzuliefern. Es wurde gesagt, dass Escobar genauestens über die finanzielle Situation all seiner ihm untergeordneten Organisationen informiert war.

Mit dem Tod des Capos im Jahre 1993 zerbrach das bereits schwer angeschlagene Kartell endgültig, wodurch sich die Banden in Medellin allmählich zu verselbstständigen begannen. Was nun passierte, war eine völlig logische Folge. Ein neuer Krieg brach aus, in dem es um die Verteidigung und Eroberung von Territorien – oftmals auch nur um eine einzige Straße – ging. Bevor kein neuer starker Capo sämtliche Banden unterworfen hatte, konnte die Stadt daher auch nicht zur Ruhe kommen.

Diese neue starke Kraft sollten in der Folge die nach dem Tod Escobars erstarkten, paramilitärischen Verbände sein.

Mit der Gründung der Autodefensas Unidas de Colombia (AUC) im Jahre 1997 waren die wichtigsten Blöcke der Paramilitärs vereinigt und erlangten so eine ungeheure Macht im Lande. Bereits seit Mitte der 1990er Jahre infiltrierte daher der „Bloque Metro" (eine sehr erfolgreich im Department Antioquia agierende Einheit) die ersten „Barrios" von Medellin. Der „Bloque Metro" stand unter der Führung *Carlos Mauricio García Fernández alias „Doble Cero"*, der sich bereits bei den „Los PEPES" einen Namen gemacht hatte und seit der Gründung der AUC zur paramilitärischen Elite zählte.

Um die einander bekämpfenden Banden in Medellin rasch unterwerfen zu können, ging der Block nicht gerade zimperlich vor. Die militärisch geschulten „Paras" ermordeten 16 Jugendliche und gaben so zu verstehen, was passieren würde, sollte eine Bande auf die Idee kommen, Widerstand zu leisten. Man geht davon aus, dass der „Bloque Metro" bis zum Jahre 2002 den größten Teil der Banden in Medellin unterworfen hatte und damit bereits rund 70% der Stadt kontrollierte.

Bis Mitte der 1990er Jahre – das heißt, bis zum Eindringen der Paramilitärs ins Stadtgebiet von Medellin – war Diego Murillo alias „Don Berna", der es bis an die Spitze der Banden der Galeanos und Moncadas geschafft hatte, der potentielle Nachfolger Pablo Escobars und somit einer der neuen starken Männer in der Stadt. Der neue Capo übernahm nicht nur Escobars Drogenrouten, sondern stand nun auch der „La Terraza" vor, einer Bande, die als ein Überbleibsel des Medellin-Kartells gesehen werden kann. Don Berna hatte zu jener Zeit allerdings noch nicht genügend Macht, um die Stadt alleine regieren zu können. Nach nicht endend wollenden Auseinandersetzungen mit rivalisierenden Banden sowie bestehender Probleme mit der Exekutive aufgrund seiner Verbrechen mit den „Los PEPES" sah er sich daher vorläufig gezwungen, die Stadt zu verlassen.

Der Capo war ein Mann, der in seiner bisherigen kriminellen Karriere äußerst geschickt vorgegangen war und stets zum richtigen Zeitpunkt die Seiten gewechselt hatte. So begann er seine Laufbahn bei den Guerilleros und stieg erst anschließend unter Ausnützung einer günstigen Gelegenheit in den Drogenhandel ein. Als er Escobars Machtverlust erkannte, war es er, der gemeinsam mit den Castaños „Los PEPES" gründete, die den Capo schließlich zur Strecke bringen konnten.

Nachdem nun Don Berna Medellin den Rücken gekehrt hatte, tauchte er Mitte der 1990er Jahre bei seinem alten Freund Carlos Castaño, dem Boss der AUC, unter. Relativ rasch freundete er sich dort mit dem paramilitärischen Gedanken an – der ehemalige Guerillero und Drogenhändler verwandelte sich daraufhin nochmals und wurde zu einem waschechten Paramilitär!

Wie bereits erwähnt, war „Doble Cero", der eigensinnige Führer des „Bloque Metro", in der Zwischenzeit in Medellin eingefallen und hatte durch sein brutales Vorgehen die Stadt unter seine Kontrolle gebracht. Mit der Übernahme Medellins war er daher zu einer einflussreichen Person geworden, erschien jedoch so manchem paramilitärischen Führer aufgrund seiner unberechenbaren Art ein Dorn im Auge zu sein.

Don Berna, der frischgebackene Paramiltär, der sich nun auch Adolfo Paz nannte und sein Freund Carlos Castaño fassten deshalb den Beschluss, den neuen Capo Medellins zu demontieren. Don Berna kehrte daraufhin mit einem eigenen paramilitärischen Block, dem „Bloque Cacique Nutibara", nach Medellin zurück und begann „Doble Cero" und dessen „Bloque Metro" herauszufordern. Bandenchefs, die bereits für „Doble Cero" arbeiteten, wurden vor die Alternative gestellt, entweder zu Don Berna überzuwechseln oder getötet zu werden.

Don Berna, der ehemalige Drogendealer und Escobar-Nachfolger hatte mit seinem Eindringen in die Stadt allerdings auch ein klares Ziel vor Augen – er wollte das Drogengeschäft in Medellin kontrollieren. Damit unterschied er sich jedoch grundlegend von „Doble Cero", der dem vermehrten Einfluss reiner Drogenhändler in der AUC eher kritisch gegenüber stand. Im Jahre 2002 löste sich „Doble Cero" daher von der AUC und erklärte zwei Jahre später, seinen Block gänzlich auflösen zu wollen. Wenige Wochen nach dieser Absichtserklärung wurde er in Santa Marta (Stadt an der kolumbianischen Karibikküste) ermordet.

Damit hatte Don Berna endgültig freie Laufbahn und konnte Medellins Banden unterwerfen, die dann - wie zu Zeiten Pablo Escobars - selbständig unter der Schirmherrschaft des „Bloque Cacique Nutibara" in der Stadt agieren durften. Don Berna war somit zum neuen, unumstrittenen Chef des „Oficina Envigado" geworden. Es war ihm nicht nur gelungen, die Milizen der Stadtguerilla stark zurückzudrängen, sondern er war nun auch in der Lage – falls nötig – politisch motivierte Morde von den unterworfenen Banden durchführen zu lassen, ohne dass die Tötungen direkt auf die Paramilitärs zurückfielen.

Auch wenn ein Großteil Medellins unter Don Bernas Kontrolle stand, war noch immer nicht die gesamte Stadt eingenommen. Vor allem im westlichen, nordöstlichen und nordwestlichen Medellin waren weiterhin Guerilla-Milizen der ELN und FARC vertreten. Diese Regionen waren, strategisch gesehen, allerdings enorm wichtig, um anstehende infrastrukturelle Projekte durchführen zu können, bzw. dem allmählich aufkommenden Tourismus Impulse zu verleihen. Es musste daher ein Beschluss gefasst werden, um den Entführungen und Auseinandersetzungen zwischen lokalen Banden und der Guerilla ein Ende zu bereiten, damit man auch ausländische Investoren dazu bewegen konnte, in die viel versprechenden Projekte einzusteigen.

Unter Mithilfe des „Bloque Cacique Nutibara" stürmten daher im Mai und Oktober 2002 die Armee und Polizei die westlichen „Barrios" der Stadt. In diesen Operationen, namens „Mariscal" und „Orión", wurden zwar etliche Guerilleros erschossen – allerdings fanden auch Zivilisten im Kugelhagel den Tod. Willkürliche Verhaftungen und das Verschwinden von Personen ließen darüber hinaus die Operationen insgesamt in keinem guten Licht erscheinen.

Nachdem diese „Barrios" nun „gesäubert" worden waren, übernahmen die Paramilitärs die Nachkontrolle. Personen, die weiterhin im Verdacht standen, mit der Guerilla zu kooperieren, mussten wegziehen oder wurden umgebracht. Die Polizei beschränkte sich auf die Errichtung so genannter „Checkpoints" an den Hauptzufahrtsstraßen der „Barrios" und deckte darüber hinaus sämtliche Aktionen der Todesschwadronen oder war sogar aktiv an den Morden beteiligt.

Nachdem der Westen Medellins unter ihrer Kontrolle war, begannen die „Paras" nun auch den Nordosten zu infiltrieren. Da sich viele Vertriebene aus den ländlichen Gegenden dort angesiedelt hatten, sind die „Barrios" in diesem Teil der Stadt besonders arm und verfügen deshalb seit jeher über Organisationen, die sich für soziale Belange der Armen einsetzen. Diese sozialen Einrichtungen stellten jedoch auch einen Nährboden für die Guerilla und deren Aktivitäten dar, die „linkes Gedankengut" allzu gerne für ihre Zwecke missbrauchte.

Nachdem nun auch diese „Barrios" von der Exekutive und den „Paras" eingenommen werden konnten, begann es allmählich ruhiger in der Stadt zu werden.

Der Großteil der Banden war mit den „Paras" verbunden – die Guerilla Milizen waren stark geschwächt. Als Konsequenz nahmen auch die Territorialkämpfe ab. Exekutive und „Paras" konnten sich somit auf die Aufrechterhaltung des „Status quo" beschränken. Während Medellin Anfang der 1990er Jahre zu Zeiten Pablo Escobars an die 7000 Morde pro Jahr zählte, konnte diese Zahl bis zum Jahre 2002 nahezu halbiert werden. Nachdem die „Paras" die Herrschaft in Medellin endgültig übernommen hatten, nahm die Zahl der gewaltsam herbeigeführten Todesfälle noch einmal rapide ab – das Jahr 2007 verzeichnete „nur mehr" 651 Morde.

Nach 20 Jahren Krieg begann sich nun Anfang der Jahrtausendwende auch das Leben in Medellin grundlegend zu verändern. Die Menschen konnten ihre Häuser sogar abends verlassen, Nachtleben kam auf und ausländische Touristen sowie Investoren begannen sich für die antioquienische Metropole zu interessieren.

Während so die Stadt aufgrund der vorübergehenden Fortschritte in Punkto Sicherheit einen wahren Frühling erlebte, zogen jedoch schon bald die nächsten dunklen Wolken am Horizont auf...

Nach den aus Sicht der Regierung und den Paramilitärs erfolgreichen Operationen zur Zurückdrängung der Stadtguerilla war es nun die erklärte politische Strategie, die „hilfreichen" Todesschwadronen, die über die Jahre hinweg zahllose Massaker und Verbrechen begangen hatten, gesellschaftsfähig zu machen.

Versuche dazu hatte es bereits in den 1990er Jahren gegeben, als die so genannten CONVIVIR-Truppen geschaffen wurden. Diese staatlichen

Sicherheitskräfte wurden vor allem dort eingesetzt, wo zuvor die Exekutive mit Unterstützung der „Paras", die Guerillaverbände verdrängt hatte, um so den „Status quo" in diesen Gebieten aufrechterhalten zu können.

Das Regierungsprojekt war jedoch aus zwei Gründen nicht erfolgreich. Zum einen stimmte die Realität nicht mit der politischen Idee überein, da sich zahllose paramilitärische Gruppierungen sofort als CONVIVIR bezeichneten und so ihre weiterhin andauernden kriminellen Aktivitäten völlig legal ausüben konnten. Zum anderen wurden neu geschaffene CONVIVIR-Truppen relativ rasch von der AUC, der paramilitärische Dachorganisation, aufgesogen. Ein Kreislauf, der das Projekt, gefördert vom damalige antioquienischen Gouverneur, Álvaro Uribe, letztendlich scheitern ließ.

Nachdem also der Versuch, den paramilitärischen Gedanken salonfähig zu machen, nicht erfolgreich verlaufen war, war es erneut Álvaro Uribe, der nach den Säuberungsoperationen in Medellin (und anderen Städten) als nunmehr frisch angelobter Präsident Kolumbiens nach Lösungen suchte, um seine Wahlhelfer und Unterstützer im Kampf gegen die Guerilla von ihren über Jahrzehnte hindurch verübten Verbrechen rein zu waschen. Der ehemalige Präsident eröffnete die Gespräche mit den führenden Köpfen der AUC, die ihm im Gegenzug einen Waffenstillstand versprachen.

Uribe hatte dabei wohl folgende Strategie im Sinn: Mit Hilfe der Amerikaner, die im Rahmen des „Plan Colombia" für eine Aufrüstung des kolumbianischen Militärs gesorgt hatten, sah er sich nun in der Lage, die Guerilla auch ohne paramilitärische Unterstützung in Schach zu halten. Alles in allem erschien der Zeitpunkt somit perfekt, um mit der so genannten Demobilisierung der Paramilitärs beginnen zu können.

Der Präsident griff daher in der Folge tief in die politische Trickkiste und änderte die gesetzlichen Bestimmungen dahingehend, dass nun auch Verhandlungen mit illegal bewaffneten Verbänden eröffnet werden konnten, ohne selbigen einen politischen Status gewähren zu müssen, wie das die bisherige Gesetzeslage vorgesehen hatte. Als zweiten Schritt errichtete er rasch die OEA (Organisation Amerikanischer Staaten) sowie eine Hilfsorganisation zur Unterstützung des Friedensprozesses in Kolumbien, ohne allerdings die betroffene Zivilbevölkerung einzubeziehen. In der Folge wurden zwei Verträge unterzeichnet. Die erste Vereinbarung aus dem Jahre 2003 legte die Demobilisierung der Kämpfer, den Waffenstillstand sowie die Zusammenarbeit bei der Bekämpfung des Drogenhandels fest. Ein Jahr später einigte man sich darauf, dass denjenigen „Paras", die im Verdacht von Menschenrechtsverletzungen und Drogendelikten standen, ein an die 400km² großes Gebiet zur Verfügung gestellt wird – kein Gefängnis, sondern ein mit allen Annehmlichkeiten ausgestattetes Auffanglager, in dem weitere Dialoge mit der Regierung stattfinden sollten.

In der Folge gaben tausende Kämpfer ihre Waffen ab, um so in den Genuss einer Amnestie zu kommen. Unter den neu erlassenen gesetzlichen Bestimmungen konnten allerdings nur jene Personen gänzliche Straffreiheit erlangen, die zwar bereits vor der Demobilisierung einer illegalen paramilitärischen Gruppe angehört hatten, nicht aber an Menschenrechtsverletzungen, wie etwa Massakern, beteiligt gewesen waren.

Diese Bestimmung wurde nun dahingehend erweitert, dass auch jene Kämpfer von Strafe verschont bleiben sollten, die zwar Menschenrechtsverletzungen begangen hatten, gegen die aber zum Zeitpunkt der Demobilisierung noch keine Anklage vorlag. Dies war de facto ein Freibrief, da die Justiz nur in den wenigsten Fällen gegen die Todesschwadronen ermittelt hatte.

Die politische Farce steigerte sich noch dadurch, dass ein reuiger Kämpfer selbst dann verschont bleiben sollte, wenn seine Gruppe, von der er ausgeschieden war, weiterhin aktiv blieb. Der Kämpfer war darüber hinaus auch nicht dazu verpflichtet, Informationen über seine Gruppe preiszugeben. Es reichte völlig aus, seinen Namen zu nennen sowie Finger- und Zahnabdrucke abzugeben.

Aufgrund dieses lächerlich anmutenden Versuchs der Vergangenheitsbewältigung war sofort klar, dass sich die Politik den Weg für tiefer greifende, strukturelle Maßnahmen, welche an die Substanz einer illegalen Gruppe gehen konnten, verbaut hatte – bzw. gerade dies die geplante Strategie war.

Das Schauspiel ging daher munter weiter und ließ eine weitere Regelung publik werden, die den Weg zu einer vernünftigen Lösung erschwerte. Ursprünglich sollte eine Kommission überprüfen, ob die Personen, welche die Waffen niederlegten, tatsächlich einer zur Demobilisierung geeigneten, paramilitärischen Gruppe angehörten oder nicht. Diese Bestimmung wurde jedoch außer Kraft gesetzt. Ab sofort genügte es, dass der Kommandant einer Gruppe eine Liste mit den Namen seiner Kämpfer abgab.

Dies eröffnete jedoch dem Missbrauch Tür und Tor, wie man in Medellin bald bemerken konnte. In der Folge stellten sich nicht nur die eigentlichen Adressaten der Demobilisierung, sondern oftmals einfache Kriminelle, denen so die Möglichkeit eröffnet wurde, ohne je mit einer paramilitärischen Gruppe verbunden gewesen zu sein, ihren Namen rein zu waschen und an den Regierungsprogrammen teilzunehmen.

Die Mehrzahl der Kämpfer, bzw. Personen, die sich als solche ausgaben, hatten somit bei einer Demobilisierung rein gar nichts zu befürchten. Im Gegenteil, der Staat half, wo er nur konnte und steckte die Delinquenten in Ausbildungsprogramme, vermittelte Jobs bei Sicherheitsdiensten oder übernahm sie sogar in den Militär- und Polizeidienst.

Schwieriger gestalteten sich allerdings die Verhandlungen mit den Chefs der Verbände, weil gegen selbige bereits vor der Demobilisierung Haftbefehle – zumeist aufgrund der Verletzung von Menschenrechten – vorgelegen waren. Folgende Regelung wurde daher erlassen:

Die Capos erwartete eine Maximalstrafe von fünf bis acht Jahren, wobei die Zeit, die sie in ihrem „Auffanglager" verbracht hatten, auf die eigentliche Haftzeit angerechnet wurde. Weiters bestand die Möglichkeit, die Haftstrafe nicht in einem Gefängnis, sondern in eigens zur Verfügung gestellten Gebieten abzusitzen...

Zusätzlich zu diesen, nicht nur aus Sicht der Opfer lächerlich anmutenden „Strafen" für Massenmörder wurde die Wiedergutmachung der Geschädigten derart verkompliziert, dass es de facto zu keiner solchen kommen konnte. Die Opfer, welche vielfach aus einfachsten Verhältnissen stammten, waren nämlich angehalten, die Verhandlungen genauestens zu verfolgen, weil sie andernfalls Gefahr liefen, ihre Ansprüche aufgrund der sehr kurzen Fristen zu verwirken. Darüber hinaus war nur illegales Vermögen der „Paras" zur Restitution geeignet. Viele Capos hatten allerdings kein solches, weil ihre gesamten Gelder bereits in den legalen Wirtschaftskreislauf eingeschleust waren. Allerdings verliefen die meisten Untersuchungen in Bezug auf Wiedergutmachung ohnehin im Sande, weil etwaige Zeugen bereits im Vorfeld bedroht wurden.

Last but not least wurde das Schauspiel „Demobilisierung" durch zwei weitere Regelungen, die Uribes Plan, seine paramilitärischen Freunde möglichst ungeschoren davonkommen zu lassen, abgerundet:

Einerseits wurden die Delikte der Capos als politische Taten gewertet, wodurch sie keine Auslieferung in die USA fürchten mussten. Andererseits konnten jene Bosse, die sich dazu bereiterklärten, Informationen preiszugeben, die zur vollständigen Auflösung einer Gruppierung führen würden, überhaupt straffrei gehen.

Damit hatte der Präsident allerdings den Bogen überspannt und ließ selbst in der ursprünglich voller Bewunderung auf die Vorkommnisse in

Kolumbien schielenden internationalen Staatengemeinschaft allmählich kritische Stimmen aufkommen...

Auch in Medellin war die Demobilisierung bereits voll im Gange. Der „Bloque Cacique Nutibara", unter der Führung Don Bernas hatte das Regierungsangebot angenommen und begann, öffentlich seine Waffen niederzulegen.

Doch waren die Paramilitärs, die sich über Jahrzehnte hinweg zu einer einflussreichen Organisation entwickelt hatten, tatsächlich bereit, ihre mühsam erkämpfte Macht und damit auch die Kontrolle über Medellin einfach aufzugeben?

Diese Frage muss eindeutig verneint werden, da ein Teil der Kämpfer bereits im Vorfeld aus der Stadt verschwand und in der Provinz untertauchte, um sich dort neu zu formieren. Dabei handelte es sich besonders um jene, die ihr Vermögen noch nicht wie die Capos in den legalen Wirtschaftskreislauf einschleusen konnten – eine im Übrigen ähnliche Situation wie in Cali zu Zeiten des Kartells, wo, wie bereits erwähnt, ein Regierungsangebot von den in der zweiten Reihe stehenden Mafiosi aus denselben Gründen ausgeschlagen wurde.

Darüber hinaus waren die Waffen, die der Regierung überliefert wurden, großteils alt und unbrauchbar und auch in Medellin gab es, wie bereits erwähnt, eine Vielzahl von Personen, die sich stellte, obwohl sie gewöhnliche Kriminelle waren und mit den Paras nichts zu tun hatten. Gelegentlich wurden den Behörden sogar Obdachlose als demobilisierte Kämpfer präsentiert.

Aber auch die Wiedereingliederung der Demobilisierten in die Gesellschaft war völlig unzureichend geregelt. Nach einem dreiwöchigen Sozialkurs und der Aufnahme der Personalien war der Spuk vorbei. Die Delinquenten wurden in zukunftslose Ausbildungsprogramme gesteckt oder erhielten Kontrakte bei „Espacio Publico". Hierbei handelt es sich um eine Art unbewaffneten Wachdienst, der vor allem im Zentrum von Medellin patrouilliert und so die Exekutive unterstützt.

Sämtliche Delinquenten, das heißt Auszubildende oder Sicherheitskräfte, erhielten allerdings monatlich 500.000 Peso (umgerechnet etwa 200 EUR) – eine Summe, die immerhin dem gesetzlich bestimmten Mindestlohn entspricht. Ein guter Deal für einen Obdachlosen, wenn man bedenkt, dass das Arbeitsangebot in Medellin rar ist. Insider sprechen von 40% Arbeitslosen, zählt man die zahlreichen Menschen dazu, die sich durch den Verkauf von Kaugummis oder anderen Süßigkeiten über Wasser halten.

Da die Demobilisierung in Medellin am Höhepunkt der paramilitärischen Macht einsetzte, verliefen die Jahre bis 2007 ungewohnt ruhig. Amerikanische Fernsehteams drehten Reportagen über „geläuterte Bandenmitglieder", die von einem neuen Leben ohne Gewalt sprachen. Ehemals gefährliche „Barrios" wurden als Oasen der Ruhe dargestellt, einige Journalisten bezeichneten die Stadt als die sicherste am ganzen Kontinent, aus der nahezu alle Schusswaffen verschwunden waren.

Tatsächlich sank in jener Zeit des Machtvakuums die Verbrechensrate beträchtlich und man konnte sich bei Tageslicht in der gesamten Stadt problemlos bewegen. Selbst nachts war es den Bewohnern der kritischen „Barrios" nun möglich, sich in einer der Bars zu amüsieren. Medellin schien plötzlich eine ganz normale lateinamerikanische Stadt geworden zu sein.

Doch was steckte hinter dieser Fassade, die allmählich abzubröckeln begann?

Die paramilitärischen Führer waren zwar in Gewahrsam, bestimmten allerdings noch immer das Geschehen in zahlreichen Regionen des Landes. Der Drogenhandel florierte weiterhin und der Einfluss auf die Politik war immer noch groß. So verwunderte es auch niemanden, dass Don Berna – der unumstrittene Chef Medellins – aus seinem Auffanglager heraus festlegte, wer im Jahre 2004 zum Bürgermeister Medellins gewählt werden sollte und auch tatsächlich gewählt wurde. Wie einst Präsident Uribe seine Stimmen von den „Paras" organisiert bekommen hatte, konnte sich auch *Sergio Fajardo* auf seine Helfer verlassen und erfreute sich über großzügige Wahlspenden, die in die Stadtkasse flossen sowie über die durch Don Bernas Gefolgsleute eingetriebenen Wählerstimmen.

Wie schon mehrfach erwähnt, gibt es in Kolumbien keine korrekten politischen Wahlen. Auf dem Land werden entweder Geschenke für den Haushalt gegeben oder Drohungen ausgesprochen. Daneben werden immer wieder auch die Stimmen von längst Verstorbenen in die Wählerlisten aufgenommen. In den Städten ist das Vorgehen etwas subtiler. Beliebt sind hier vor allem pompöse Wahlveranstaltungen, wo der ungebildeten Masse T-Shirts, eine Mahlzeit und kleine Geldbeträge geboten werden – Brot und Spiele, um das Volk bei Laune zu halten und seine Stimme zu kaufen!

Die „Barrios" in Medellin standen also, trotz Demobilisierung, immer noch unter der Kontrolle Don Bernas. Es war ruhig in der Stadt, weil noch keine neue, starke kriminelle Vereinigung vorhanden war und so der „Status quo" relativ einfach aufrechterhalten werden konnte. Dazu benötigten die „Paras" nicht einmal Schusswaffen. Die Sicherheit in den „Barrios" wurde zu jener Zeit von nicht-demobilisierten Personen sowie von offiziell Demobilisierten, die sich einfach nicht an die Abmachungen hielten, mit Messern, bzw. anderen Stichwaffen, aufrechterhalten

Betrachtet man diese Entwicklungen, so war klar, dass die Regierungsprogramme zur Betreuung der Demobilisierten auch in Medellin als gescheitert angesehen werden mussten. Nach 18 Monaten Ausbildung oder Vertragsdienst bei „Espacio Publico" wurden die Teilnehmer sich selbst überlassen. Viele Demobilisierte erkannten allerdings schon wesentlich früher, dass ein Ausstieg aus der Kriminalität de facto nicht möglich war, bzw. erhebliche finanzielle Einbußen bedeuten würde. Die illegalen Aktivitäten brachten nämlich das drei- bis vierfache des gesetzlichen Mindestlohnes ein.

Der Staat hatte bei dem Versuch, „seine Paramilitärs" salonfähig zu machen, nicht bedacht, dass man aus Kriminellen eben keine braven Studenten machen kann, noch dazu, wenn am Ende einer nutzlosen Ausbildung ohnehin kein Job winkt. Darüber hinaus interessieren den ungebildeten männlichen „Barrio-Bewohner" in der Regel nur drei Dinge im Leben: leicht verdientes Geld, Frauen und Drogen. Seine Vorbilder finden sich nicht in der Gruppe der ehrlich arbeitenden Menschen, sondern heißen Pablo Escobar und Don Berna.

Es war daher kaum verwunderlich, dass die demobilisierten „Paras", die zu meist ohnehin nur gewöhnliche Kriminelle waren, zwar dankend ihre 500.000 Peso pro Monat kassierten, nebenbei aber sofort dort weitermachten, wo sie zuvor aufgehört hatten. Es kam sogar nicht selten vor, dass mehrere Jugendliche einen Teil der staatlichen Förderung zusammenlegten, um sich mit neuen Waffen zu versorgen. Die wenigen, die tatsächlich eine Ausbildung abschlossen, mussten danach feststellen, dass es keine legalen Traumjobs für sie gab.

So blieb zunächst alles beim Alten. Don Berna zog weiterhin die Fäden in Medellin und seine Gefolgsleute kontrollierten die „Barrios".

In der Folge passierte allerdings etwas völlig Unerwartetes. Die kolumbianische Regierung, die stets versucht hatte, ihre verbündeten Paramilitärs zu schützen, machte im Jahre 2008 einen überraschenden Schwenk und lieferte die paramilitärischen Bosse an die Vereinigten Staaten aus. Der offizielle Grund hierfür war die fehlende Kooperation der Capos sowie die mangelnde Bereitschaft derselben, das Drogengeschäft aufgeben zu wollen.

Darüber hinaus wird dieses Vorgehen aber auch als politisches Manöver gesehen, mit dem die Capos ins Ausland gebracht wurden, um sie so vor weiteren, tiefer greifenden innerstaatlichen Untersuchungen bewahren zu können. Nach einem Deal mit der amerikanischen Regierung würden die Verbrecher – dieser Auffassung nach – in den USA nur kurze Haftstrafe erwarten, wie dies von Anfang an geplant war.

Wahrscheinlicher erscheint allerdings doch die Version, dass der internationale Druck auf Uribe zu groß wurde und er daher seinen ursprünglichen Plan, die Bosse praktisch straffrei gehen zu lassen, aufgeben musste.

Was die Auslieferungen der paramilitärischen Bosse für Kolumbien und hier insbesondere für Medellin bedeuten sollten, konnte für den logisch denkenden Menschen ohne unbedingt die Spezies der Politiker dazu zählen zu wollen, keine Überraschung darstellen.

Die weiteren Entwicklungen in Medellin

Schlägt man dem Monster seinen Wasserkopf ab, so wachsen viele kleine Köpfe nach...

Don Berna, der unumstrittene Chef des „Oficina Envigado" war außer Landes, wodurch Medellin einmal mehr, Schritt für Schritt, in altbekanntes Fahrwasser geriet. Wie schon der Tod Pablo Escobars im Jahre 1993 keinen Frieden brachte, konnte auch das Auslieferungsjahr 2008 nichts Gutes verheißen. Wieder einmal verlor die Stadt ihren Capo und wieder einmal ging es nur um die eine Frage: Wer kontrolliert jetzt den Drogenhandel?

Es wurde bereits erwähnt, dass sich Medellin in einer strategisch wichtigen, zentralen Lage für den Drogenhandel befindet. Darüber hinaus lassen sich in dieser Stadt auch ausgezeichnet die schmutzigen Gelder waschen. Die Strukturen der Mafia sind tief verwurzelt und fester Bestandteil der Gesellschaft. Jeder aufkommende Mafioso versucht daher, auch in Medellin Fuß zu fassen, denn erst wer diese Stadt regiert, hat wirklich etwas zu sagen.

In Medellin gab es seit dem aufkommenden Drogenhandel in den 1970er Jahren eine Vielzahl an Banden. Die Schätzungen liegen zwischen 150 und über 300 – je nachdem welchen Maßstab man anlegt. Kleinstgruppen mit einer Handvoll Mitgliedern, die lediglich einen Straßenzug kontrollieren, arbeiten für eine Organisation, die ein ganzes „Barrio" regiert. Die Chefs eines „Barrios" wiederum müssen sich den Anordnungen des Capos fügen, der das „Oficina Envigado" leitet. Diese seit Pablo Escobar bestehende Struktur wurde mit der Auslieferung Don Bernas zerstört. Die unmittelbar darauf folgenden Ereignisse waren daher vollkommen absehbar. Die Banden begannen einander zu bekriegen, um sich ihre Territorien zu sichern. Daneben kehrten aber auch neu formierte paramilitärische Einheiten in die Stadt zurück, um ihre Revieransprüche geltend zu machen. Das Chaos war somit vorausbestimmt.

Werfen wir daher einen Blick in ein „Barrio" und beleuchten das dort herrschende heutige Leben!

An den Hauptzufahrtsstraßen eines typischen Armenstadtteils befinden sich Kontrollpunkte der Polizei, an denen gelegentlich Fahrzeuge angehalten werden. Streift man tagsüber durch die Gegend, scheint nichts ungewöhnlich zu sein – Menschen gehen einkaufen, Kinder spielen auf den Straßen – lediglich die Gesichter der Erwachsenen spiegeln eine gewisse Traurigkeit wider. Die Häuser sind einfach, aber gemauert. Diese

Errungenschaft geht im Übrigen noch auf Pablo Escobar zurück, der einen Großteil der Armenviertel erneuern ließ. Die Wohnungen sind sauber und werden von zumeist mehreren Familienangehörigen bewohnt. Jeder versucht etwas beizutragen. In den ärmsten Haushalten werden bereits die Kinder auf die Straße geschickt, um Süßigkeiten zu verkaufen. Viele Frauen leben ohne Männer – selbige gelten als untreu und oftmals gewaltsam. Wer Arbeit hat, kann sich glücklich schätzen, allerdings reicht das Haushaltsbudget kaum aus: Nehmen wir Andrea als Beispiel.

Andrea ist Putzfrau. Sie hat drei Kinder, ihr Mann ist im Gefängnis. In ihrem Haus leben auch ihre alte Mutter und arbeitslose Schwester. Andrea verdient an einem zwölfstündigen Arbeitstag 20.000Peso (etwa 8EUR, 1EUR entspricht etwa 2400Peso). Sie arbeitet sechs Tage pro Woche, weshalb sich ihr Monatsgehalt mit 480.000Pesos beziffern lässt. 2.800Peso muss sie für die Busfahrt (hin und retour) zur Arbeit bezahlen. Damit kann die gesamte Familie über rund 410.000Peso pro Monat verfügen. Zieht man 200.000Peso für Miete und Strom/Wasser ab, bleiben für Schulgeld und Lebensmittel etwa 7.000Peso pro Tag (etwa 3EUR). Nicht eingerechnet ist die so genannte „Vacuna" – ein Schutzgeld, das jeder Haushalt an die regierende Bande bezahlen muss. Im Fall Andreas, die in einem zurzeit gefährlichsten Stadtteil (Manrique) lebt, beträgt diese ca. 40.000Peso pro Monat.

Die Jugendlichen in den „Barrios" haben zumeist keine Zukunft. Nahezu alle gehören einer Bande an. Der Großteil der Mädchen endet als Prostituierte.

Maria ist gerade 14 Jahre alt geworden. Sie schnüffelt „Sacol" (Klebstoff) rund um die Uhr. Ihre Augen sind stumpf und schwarz umrandet. Benötigt sie Geld, prostituiert sie sich für Beträge, die ihre Freier bereit sind, ihr zu geben. Das sind manchmal weniger als 1EUR. In Kolumbien ist der Geschlechtsverkehr mit Minderjährigen unter 18 Jahren illegal. Maria hat auf der Straße trotzdem keine Probleme. Neben Geschäftsleuten, Taxifahrern und Buschauffeuren zählen auch Polizisten zu ihren Kunden.

Die Prostitution von Kindern wurde im Übrigen auch schon von Ausländern bemerkt, wie jüngste Vorkommnisse in Barranquilla gezeigt haben, wo ein international agierender Kinderpornoring, an dem auch Deutsche beteiligt waren, zerschlagen werden konnte.

Wie andere Bürger aus „Wohlstandsländern" sind auch die Deutschen in diesem schmutzigen „Geschäft" äußerst aktiv. So waren in kleinen brasilianischen Fischerdörfern (z.B. Canoa Quebrada nahe der Prostitutionshochburg Fortaleza im nordöstlichen Bundesstaat Cerá) bereits vor zehn Jahren Gruppen zu finden, die aus gutsituierten deutschen

Herren bestanden und über einen wohlhabenden Deutschen vor Ort gemeinsame Reisen in das Strandparadies organisierten. Mit Geschenken und Süßigkeiten ausgestattet, trafen diese verbrecherischen Touristen im Ort ein und konnten sich für einige Wochen ihren Aufenthalt mit Kindern aus Fischerfamilien, die von den armen Eltern für den Urlaub „gemietet" wurden, „versüßen".

Wie Hyänen durchforsten auf diese Art Gruppen von Kinderschändern auch den mittel- und südamerikanischen Kontinent, wo sie aufgrund der vorherrschenden Armut und Korruption ideale Bedingungen für ihre perversen Neigungen vorfinden. Nur wenige dieser Verbrecher, die mit ihrem Geld Dorfbewohner und Exekutive zum Wegschauen bewegen können, ziehen es vor, sich selbst aus der Gesellschaft zu entfernen. So trank sich ein dem Alkohol verfallener Diplomingenieur, der mit seiner Neigung nicht fertig wurde, buchstäblich zu Tode. Seine Leiche wurde von der Eigentümerin einer kleinen brasilianischen „Pousada" (Pension) entdeckt. Die Frau hatte sein Treiben aus ökonomischen Gründen über Jahre hinweg gedeckt...

Man kann allerdings den Jugendlichen in den kolumbianischen „Barrios" keinen Vorwurf machen, wenn sie sich einer Bande anschließen. Da ihre Ausbildung schlecht ist und ihre Jobaussichten triste sind, ist es aus ihrer Sicht wesentlich attraktiver, in den Drogenhandel einzusteigen.

Während sich Andrea für einen Hungerlohn abrackert, verdient ein Straßendealer um die 50.000Peso (etwa 20EUR) pro Tag. Die Drogen bezieht er von einem Verteiler, der ihm die Päckchen in Kommission aushändigt. Ein Gramm gestrecktes Kokain („Perico") kostet 2.750Peso, etwas mehr als 1EUR, ein Gramm „Puro" (ungestrecktes Kokain) etwa das Doppelte.

Doch das Leben als Kleindealer ist gefährlich, insbesondere für jene Händler, die nicht unter der Schirmherrschaft der Paramilitärs, bzw. der heute bestehenden Nachfolgeorganisationen arbeiten.

Erwischen ihn die „Paras", wird er sofort getötet. Fällt er der Polizei in die Hände, muss er bezahlen. Ein durchschnittlich korrupter Polizist kann sich auf diese Art pro Monat zwischen 100.000 und 200.000Peso pro Dealer „dazuverdienen". Ist der Mann des Gesetzes in einer „bestechungsfreundlichen Gegend" abgestellt, kann er so sein eigentliches Gehalt von 1.2 Millionen Peso (knapp 500EUR) leicht verdoppeln. Je länger man bei der Polizei dient, desto „besser" werden üblicherweise die Einsatzorte.

Aus Sicht der Kleindealer lohnt sich das eingegangene Risiko aber allemal. Schließlich kann er nach verrichteter Arbeit auch die Früchte seiner Arbeit genießen. Ein aufmerksamer Beobachter erkennt die Ganoven aus den „Barrios" ganz einfach im Nachtleben von Medellin. Wie einst die großen Capos, die mit dicken Geldbündeln ausgestattet waren, sitzen diese Nachwuchs-Escobars in einschlägigen Bars mit einem schmuddeligen Packen 1.000 Peso Scheinen in der Hand und verjubeln – laut zu landestypischer Musik singend – ihren Lohn mit „abgewrackten" Prostituierten...

Wie stellt sich nun die Drogenszene in Kolumbien dar?

Während Heroin in Kolumbien kaum konsumiert wird, – die Ware wird zur Gänze ins Ausland exportiert – ist die Gemeinde der Drogenkonsumenten darüber hinaus vollkommen unterschiedlich strukturiert.

Neben Kokain und seiner Vorstufe „Bazuca" – Drogen, die vor allem von Prostituierten und deren Beschützer sowie Diskothekbesuchern, also Personen, die im Nachtleben aktiv sind, angefordert werden – stellt Marihuana eine weit verbreitete Droge dar, die auch in alternativen Studentenkreisen, etwa jenen der Universität Antioquia, ihre Anhänger findet. Die Joints können fertig gedreht für etwa 1.500Peso (ca. 70Cent) erworben werden.

Für jene Personen, denen diese Klassiker unter den Drogen zu langweilig sind, bieten die Drogenhändler immer wieder neue „Erfindungen" an. Aktuell sind es „Cripa" und „Bareta", die in den „Barrios" heiß begehrt sind.

„Cripa" ist ein synthetisches Halluzinogen, das in pulvriger Form für ab 5.000Peso (etwa 2EUR) angeboten wird. „Bareta", ebenfalls ein Halluzinogen, das aus einer Pflanze hergestellt wird, ist bereits ab 500Peso zu haben und lässt die jungen Konsumenten in den „Barrios" reihenweise verblöden.

Wem diese neuen Produkte allerdings zu teuer sind, der schnüffelt Klebstoff („Sacol"), der in Fläschchen ab 200Peso erhältlich ist. Klebstoff ist vor allem die Droge der obdachlosen Kinder, die so ihren Hunger betäuben und ein Gefühl der Wärme erreichen wollen.

Der Drogenhandel ist somit wie eh und je ein fixer Bestandteil der Stadt, auch wenn dies dem nach Drogen suchenden Touristen – einer der Hauptgründe junger „Backpacker" nach Kolumbien zu kommen ist es immer noch, wenn auch nicht mehr so ausgeprägt, wie in vergangen Jahren, sich dem Drogenkonsum hinzugeben – zunächst nicht auffallen mag. Wer in Medellin herumstreift, wird – im Gegensatz zu den 1990er Jahren, wo an jeder Ecke Rauschgift angeboten wurde – nicht einmal auf Drogen angesprochen werden. Der interessierte Ausländer von heute muss daher schon einschlägige Personen kennen, um dafür zu sorgen, dass das kolumbianische Drogenimage erhalten bleibt.

Das Zentrum von Medellin

Im Zentrum von Medellin finden sich – wie in jeder anderen Stadt auch – Geschäfte, Restaurants und Bars. Tausende Menschen drängen sich durch die Straßen. Busse und Taxis wühlen sich durch den Verkehr. Die Gehsteige sind gesäumt von Obdachlosen, die versuchen ein paar Pesos zu ergattern. Diese erbärmlich aussehenden Menschen sind gezwungen, das Zentrum zu frequentieren. In den „Barrios" haben sie nämlich keine Chance, auch nur eine Nacht zu überleben, weil sie von den für Ordnung sorgenden Banden getötet werden. Der belebte Stadtkern bietet ihnen daher die Möglichkeit, zumindest während des Tages, ein paar Stunden sicheren Schlafes zu bekommen.

Das Zentrum ist ein eigener Mikrokosmos, in dem sich Reich mit Arm durchmischt – ein Ort der Gegensätze. So gibt es bewachte Luxusapartments in den Hochhäusern der Calle 52, wo die Monatsmieten bei 1.500 000Peso (ca. 600EUR) liegen, während sich zwei Straßen weiter ein kleiner Park befindet, in dem man legal Drogen konsumieren darf.

Die „Plaza de Botero" wird aufgrund ihrer berühmten Bronzefiguren von zahlreichen Touristen frequentiert – gleich eine Straße dahinter bieten Prostituierte aus den ärmsten „Barrios" ihre Dienste ab 10.000Peso (4EUR) in einem heruntergekommenen Rotlichtviertel an.

Die Exekutive ist jedoch präsent und vermittelt unter Tags ein Gefühl der Sicherheit. Bewaffnete Polizisten patrouillieren neben mit Schlagstöcken ausgestatteten Polizeikadetten und „Espacio Publico" Mitarbeitern durch die Straßen. Diebe haben so kaum eine Chance zu fliehen, weil auch die Zivilbevölkerung gegenüber etwaigen Ganoven gewaltsam einschreitet. Laut schreiend wird auf den Übeltäter hingewiesen, der, wenn er gefasst wird, eine Tracht Prügel bezieht. Darüber hinaus haben zahllose Geschäfte private Wachorgane angestellt, die für Sicherheit sorgen.

Im Zentrum prallen aber auch die unterschiedlichsten Gesellschaftsschichten aufeinander. Rechtsanwälte und Regierungsbeamte, die für ihr Mittagessen mehr ausgeben, als eine Verkäuferin an ihrem bis zu zwölfstündigen Arbeitstag verdient. Touristen, die sich mit ihren Kameras durch die Menge schieben. Straßenhändler, die, mit kleinen Bauchläden ausgestattet, Süßigkeiten feilbieten. Kaugummiverkäufer, die laut schreiend, ihre Ware für 100Peso anpreisen. Und schließlich Gaukler, die ihre Show abziehen oder auch nur buntbemalt auf einer Säule verharren, um sich bei einem Münzeinwurf in Dankbarkeit zu verneigen. Die unterste Stufe bilden die Bettler – viele körperlich behindert, indianischer Abstammung oder Kinder, die billigen Klebstoff schnüffeln, bis sie bewusstlos und weit ausgestreckt am Gehsteig liegen und so die geschäftigen Passanten zum Ausweichen „nötigen".

Auch das Telefonieren auf der Straße wird leicht gemacht. An jeder Ecke findet sich eine so genannte „Minuta". Diese zumeist hübschen Mädchen werden aus den Armenvierteln rekrutiert, mit mehreren Mobiltelefonen ausgestattet und auf einem bestimmten Standort postiert. Diese Plätze sind in Händen der Mafia und werden von der Stadtverwaltung registriert. Ein einminütiges Telefongespräch kostet 200Peso. Die Mädchen sind umsatzbeteiligt und können an guten Standplätzen bis zu 20.000Peso pro Tag verdienen. An weniger guten Orten ist der Verdienst hingegen minimal. In solchen Fällen ist es von Vorteil, wenn die „Minuta" außergewöhnlich hübsch ist – dann stehen zumindest die Männer Schlange. Hier beginnt sich aber auch der Job der Telefonistin, mit jener der Prostituierten zu vermischen...

In den meisten Fällen treten die erschöpften Mädchen jedoch um 8h abends, nach einem bis zu zwölfstündigen Arbeitstag und sobald ihre Chefs das Geld eingesammelt haben, die oft über einstündige Heimreise an.

Für die Bosse ist das Geschäft gut, hält man sich vor Augen, dass zwar jeder „Paisa" (Bewohner von Medellin) über ein Mobiltelefon verfügt, die Masse aber kein Geld hat, um das notwendige Gesprächsguthaben zu bezahlen.

Medellin verfügt über ein gut ausgebautes Bussystem. Die „stinkenden Ungetüme" verpesten die Luft, stehen aber im Eigentum einer Gruppe von Unternehmern mit besten politischen Verbindungen. Es zählt einzig und allein der Profit. Ein Bus bleibt solange im Einsatz, bis er buchstäblich auseinander fällt. Auch in diesen Gefährten versuchen Musiker und Verkäufer ihr Glück, sofern ihnen der Chauffeur Einlass gewährt. Je ausgefallener das Produkt, desto eher kaufen die immer neugierigen Gäste. Wundermittel, wie etwa „Fleckenwegzaubernde Flüssigkeiten" zählen zu den absoluten Rennern.

Die Scheiben des Busses trennen aber auch die Insassen von den zerlumpten, ausgemergelten Kindern, die in den Stationen des Zentrums wie hungrige Tiere um das Fahrzeug streifen, um ein paar Münzen zu ergattern.

Wirft man nun einen Blick auf die im Zentrum befindlichen Geschäfte, so fällt einem sofort das Überangebot an „Farmacias" (Apotheken) auf. Dass sich Medikamente bestens zur Geldwäsche eignen, erkannten schon die

Bosse des Cali-Kartells, die dieses „Business" zu einem Geschäftszweig der Mafia machten. In der Folge zogen auch andere Städte nach, sodass heute nahezu ganz Kolumbien von einem dichten Apothekennetz überzogen ist. Diese, für die Bevölkerung an sich nicht schlechte Entwicklung wird allerdings durch mehrere Faktoren getrübt. Sämtliche Medikamente können ohne Rezept erworben werden. Das schlecht ausgebildete Personal gibt vor allem bei der Einnahme von Antibiotika falsche Anweisungen. Diejenigen Menschen, die sich keinen Arzt leisten können, nehmen die Medikamente viel zu kurz ein – Resistenzen sind dadurch weit verbreitet. Die Stadt wird im Monatsrhythmus von einer Grippewelle heimgesucht...

Streift man durch eines der zahlreichen Shopping-Center bemerkt man, dass nahezu alle darin befindlichen Geschäfte über ein einheitliches Warenangebot verfügen. Schuhe und Textilien, deren Modelle kaum voneinander abweichen, werden von schreienden Verkäuferinnen angeboten. Diese riesigen, verschachtelten Kaufhäuser eignen sich aber auch in zweierlei Weise zur Geldwäsche. Einerseits durch die Konstruktion selbst – das Medellin-Kartell galt als der Wegbereiter für den „Boom" der mafiösen Bauwirtschaft – andererseits durch die Vermietung von Geschäftslokalen an „Testaferros" (Strohmänner), die Gelder über ihren fingierten Umsatz und die hohen Lokalmieten rein waschen.

Auf den Straßen finden sich auch jede Menge Stände mit nachgemachter Ware. Markenkleidung, Parfüms, Videos, Gürtel, Bücher und Taschen – der „Paisa" kopiert alles. Die Polizei toleriert diesen illegalen Verkauf in eigens zur Verfügung gestellten Straßenzügen – gegen eine kleine Abgabe vom Profit. Nur gelegentlich sieht man einen Verkäufer seine Ware rasch zusammenpacken und flüchten...

Unter Tags herrscht somit reges Treiben im Zentrum, das zwischen 18 und 20 Uhr seinen Höhepunkt erreicht. Die Menschen beenden ihre Arbeit und bilden lange Schlangen vor den Bussen. Sich geduldig anzustellen scheint dem „Paisa" im Blut zu liegen und es entsteht gelegentlich der Eindruck, als werde ganz bewusst die längere Schlange gewählt.

Vor den zahlreichen Abenduniversitäten, deren Abschlusszertifikate völlig wertlos sind, sammeln sich Massen engagierter Studenten, die sich auf ihre Kurse vorbereiten. Das Bildungsangebot der Stadt ist enorm, allerdings qualitativ schlecht. Nur eine Handvoll Universitäten und Schulen bieten auch wirklich einen Weg in die bessere Zukunft.

Je fortgeschrittener die Stunde, desto gefährlicher wird das Zentrum. Polizei und sonstige Sicherheitskräfte verschwinden allmählich von der Bühne – die Nacht gehört auch im Zentrum den Banden. Oftmals ist es jedoch nicht einfach zu erkennen, welche Gruppierungen gerade aktiv sind.

Im Zentrum sind neben der Polizei, die allerdings ausschließlich bei Tage durch die Stadt streift, auch die so genannten CONVIVIR Truppen tätig. Diese ehemals legalen Schutztruppen wurden in 1990er Jahren als paramilitärische Alternative gegründet, konnten sich jedoch nicht behaupten. Nach und nach wurden die Truppen daher von den illegalen Verbänden aufgesogen. Die CONVIVIR arbeitet allerdings heute noch immer mit der Polizei zusammen und finanziert sich hauptsächlich über Schutzgeldeintreibungen und die Gewährung von Wucherkrediten. Sämtliche Geschäftsleute, Bar- und Restaurantbetreiber müssen eine Abgabe leisten, die nach dem jeweiligen Umsatz berechnet wird. Polizisten und CONVIVIR Angehörige kommen darüber hinaus in den Genuss, gratis essen und trinken zu können. Wer nicht bezahlt, wird verwarnt. Weigert sich der Geschäftsmann weiterhin, läuft er Gefahr umgebracht zu werden.

Neben den „legalen Organisationen" treiben aber auch noch zahllose illegale Organisationen ihr Unwesen im Zentrum. Diese, vornehmlich im Drogenhandel tätigen Banden beliefern hauptsächlich Discotheken und das Rotlichtviertel – Prostituierte und deren Aufpasser sowie gewöhnliche Nachtschwärmer gehören zu ihren besten Kunden.

Das Zentrum sowie touristischere „Nightlife-Spots", wie der Parque Lleras im Stadtteil Poblado, ziehen allerdings jüngst auch jede Menge Kleinkriminelle an. Es handelt sich dabei um Frauen, Pärchen, aber auch Männer, die sich ihre Opfer in den Bars suchen und ihnen Burundanga – ein aus einer Pflanze gewonnenes KO-Mittel – ins Getränk mischen oder präparierte Kaugummis, bzw. Zigaretten anbieten. Dem Opfer wird ein rascher Lokalwechsel vorgeschlagen, um es, inzwischen bewusstlos, auf der Straße, bzw. im Taxi ausrauben zu können...

Neben den Gefahren, die ständig lauern, sind es aber auch gesellschaftliche Phänomene, die das Nachtleben in Medellin entgegen aller verherrlichenden Reiseberichte, generell schwach machen. Der „Paisa" geht ausschließlich in geschlossenen Gruppen aus. Nicht selten handelt es sich dabei um Männer, die sich mit mehreren Prostituierten betrinken. Personen aus besseren Familien bleiben hingegen untereinander und treffen einander eher privat auf einer ihrer „Fincas" – die Nacht gehört somit größtenteils den Randgruppen der Stadt.

Die Randgruppen in Medellin

Medellin verfügt über eine große Anzahl an Randgruppen. So ist etwa die Zahl der Homosexuellen, die offen ihre sexuelle Orientierung zeigen, enorm hoch. Dieses unbekümmerte „Zurschaustellen" war jedoch nicht immer so problemlos möglich. Mit dem Einfall der Paramilitärs in den 1990er Jahren wurden im Zuge von „Säuberungen" zahllose Schwule nach dem Motto „solo un marica menos" (nur ein Schwuler weniger) umgebracht. Diese Verfolgungen gibt es auch heute noch, wenngleich sie sich eher gegen so genannte „Travestis" (Transvestiten) richten.

Prostitution ist in Medellin ein Teil gewachsener Kultur, dessen Ausuferung auf das Konto des Medellin-Kartells geht. Neureiche Mafiosi förderten diesen Geschäftszweig mit attraktiver Bezahlung, wodurch eine immer größer werdende Anzahl an Frauen angelockt wurde. Der „Paisa" ist stolz auf seine, in der Tat, außergewöhnlich hübschen Mädchen. Einem neckischen Spruch zufolge finden sich in Bogotá die attraktivsten Damen am Flughafen – im Flugzeug nach Medellin.

Die Mädchen aus armen Familien haben aber oftmals auch keine andere Wahl, als sich zu prostituieren. Nicht selten werden sie von den eigenen Eltern in das Gewerbe eingeführt und müssen so ihre Angehörigen ernähren. Der Großteil der Mädchen wird darüber hinaus bereits als Kind missbraucht. Diese in der Folge oftmals drogensüchtigen Minderjährigen (Mädchen und Burschen) können sich ungehindert in einem Park, mitten im Zentrum (Parque Bolívar) den perversen Freiern anbieten. Die Polizei hat zwar einen Stützpunkt im Park, die Beamten zählen allerdings gelegentlich selbst zur Kundschaft und tolerieren daher das illegale Treiben.

Daneben werden Minderjährige auch – als Kaugummiverkäuferinnen getarnt – durch die Nächte geschickt, bzw. an bestimmten Stellen direkt von ihren Familienangehörigen den Freiern angeboten. Viele „Paisa-Männer" haben eine Vorliebe für sehr junge Mädchen – mindestens genauso viele zeigen Interesse für junge Burschen...

Ist das Mädchen mit 18 Jahren volljährig, kann es dem Gewerbe „legal" nachgehen. In den meisten Fällen endet es dann in einer der zahlreichen Rotlichtbars im Zentrum, wo es binnen weniger Jahre verbraucht ist. Der Vorteil dieser Bars ist, dass eigens angestellte Beschützer für Sicherheit im Lokal- und in den angrenzenden Stundenhotels sorgen.

Arbeitet das Mädchen hingegen auf der Straße, wird es zumeist von ihrem Freund beschützt. Wie die meisten Mädchen verlieben sich auch

„Unterschicht-Paisa-Mädchen" das erste Mal sehr stark, nur werden sie aber in der Regel oft von den untreuen, oftmals gewalttätigen Freunden enttäuscht. Nicht selten ist es daher auch der eigene Freund, der das Mädchen auf den Strich schickt, um sich ein paar Pesos zu verdienen.

Ist dann die erste Liebe überwunden, bevorzugen es jene Mädchen, die nicht in ein Bordell wollen, sondern eine Art „Hobbyprostitution" anstreben, alleine durch die Nächte zu ziehen.

Diese etwas schlaueren Prostituierten versuchen ihren Wert zu steigern, indem sie in vornehmlich von Ausländern frequentierten Lokalen verkehren und sich dort als Studentinnen deklarieren.

Sofia ist 26 Jahre alt und bildhübsch. Sie stammt aus Caucasia – viele Prostituierten aus dieser unruhigen Gegend im Norden Antioquias versuchen in Medellin ihr Glück – und ist seit 10 Jahren im Gewerbe. Sofia verkehrt vornehmlich mit Geschäftsmännern und Ausländern, die sie in einem Massagesalon oder auf ihren Streifzügen durchs Nachtleben kennen lernt. Sie verrechnet 80.000Peso (etwa 30EUR) die Stunde und bis zu 200.000Peso (etwa 75EUR) für die Nacht. Amerikaner sind ihr am liebsten, weil sie anstandslos den von ihr geforderten Betrag bezahlen. Einheimische Männer hingegen bezeichnen diese zahlungswilligen „Gringos" als „Imbecils" (Idioten), weil sie mit ihrer unwissenden Großzügigkeit die Preise ruinieren. Sofia steht kurz vor der Hochzeit mit einem Amerikaner, der ihr monatlich 600.000Peso überweist. Er meint, das müsste ausreichen, um seine künftige Gemahlin von jeglicher Arbeit abzuhalten. Doch Sofia braucht Geld. Sie versorgt ihre Eltern und die Familie ihres Bruders, der eine Haftstrafe verbüßt. So geht sie weiterhin auf den Strich und kann über ein monatliches Gesamteinkommen von an die 2 Millionen Peso (etwa 900EUR) verfügen – viel Geld, wenn man bedenkt, dass das monatliche Mindesteinkommen 500.000Peso beträgt. Sofia träumt von Amerika, gibt aber zu, dass ihr die Aufenthaltspapiere wichtiger sind, als ihr zukünftiger Mann.

Der verliebte Amerikaner und seine zukünftige kolumbianische Gemahlin geben nur ein Beispiel für eine internationale „Beziehung" ab und spiegeln daneben das Ergebnis einer sozialen Kultur wider, die in Medellin gepflegt wird:

Während die eher klein gewachsenen und oftmals als unattraktiv empfundenen „Paisa-Männer" ihren womöglich aus Komplexen entstandenen „Pseudo-Machismus" pflegen, ordnen sich Frauen häufig unter und lügen. Die Lüge wird deswegen für viele kolumbianische Frauen zu ihrer effektivsten Waffe und kann von ihnen auch perfekt eingesetzt werden. Durch die Exotik der Frauen geblendet, übersehen ausländische Männer immer wieder die Vorzeichen und wundern sich dann, wenn ihre Ehe manchmal nur bis zur Erlangung der Aufenthaltsgenehmigung ihrer geliebten Frau andauert...

Schwarze Mädchen, die aus dem nahe gelegenen Chocó in die Stadt kommen, sind bei vielen weißen „Paisa-Männern" ebenfalls sehr beliebt – als Putzfrauen und Prostituierte. Gerne werden sie als „Gorilla" bezeichnet – generell als faule und dumme „Kreaturen" dargestellt, die, sobald sie über Geld verfügen, dieses für Goldschmuck ausgeben – „un negro con plata en Colombia se manda a secuestrar" (einen kolumbianischen Schwarzen mit Geld lässt man am besten entführen), lautet ein weit verbreitetes Sprichwort in Medellin.

Tatsächlich stellt sich die Situation der Afrokolumbianer jedoch etwas anders dar. Die Mehrzahl dieser nicht selten äußerst humorvollen Menschen lebt im Department Chocó, an der Pazifikküste. Neben infrastruktureller Rückständigkeit und schlechter medizinischer Versorgung gibt es noch einen weiteren Grund, warum diese Menschen nach Medellin kommen. Der Chocó stellt seit jeher ein wichtiges Gebiet für paramilitärische, guerillerische und sonstige mit dem Drogenhandel verbundene Aktivitäten dar. So geraten die einfachen Bauern der afrokolumbianischen Gemeinden immer wieder in die Schusslinie diverser Verbände, die die Bewohner vertreiben oder töten, um ihnen den Grund und Boden zu rauben, der für Drogenlabors, bzw. in jüngster Zeit verstärkt für die Anpflanzung von Ölpalmen benötigt wird.

In der sozialen Hierarchie noch unter den Schwarzen stehen die Menschen indianischer Herkunft. Sie sind „anders" und werden daher in den Städten des „weißen Mannes" schlichtweg ignoriert. In Medellin findet man „Indigena-Frauen", die sich mit dem illegalen Verkauf von Decken und sonstiger Kleidung über Wasser halten, bzw. ohne Arbeit auf der Straße gelandet sind und mit mehreren Kindern barfüssig herumstreunen. Einen gewissen Stolz aus vergangenen Zeiten haben sich diese bemitleidenswerten Frauen allerdings, trotz aller Verfolgungen, Unterdrückungen und Repressalien bewahrt – man wird eine „Indigena" niemals aktiv betteln sehen.

Wie konnten nun die einstigen „Eigentümer" des Landes in eine solch miserable Situation geraten?

Die kolumbianischen Indianer zählen in etwa eine Million Menschen, wobei die Meinungen bezüglich der genauen Zahl auseinander gehen. Nach Jahrhunderte andauernder Verfolgung, Versklavung und religiöser Zwangsbeglückung durch den „weißen Mann" haben sie großteils ihre kulturellen Wurzeln verloren.

Der kolumbianische Staat gestand zwar den um die 80 verschiedenen Ethnien so genannte „Resguardos" (Selbstverwaltungsgebiete) zu, die allerdings mehrheitlich – und hier zeigt sich die Parallele zu den Afrokolumbianern – in Gebieten liegen, die sowohl reich an Bodenschätzen, als auch von Interesse für den Drogenhandel sind. Immer wieder kommen daher auch in den Selbstverwaltungsgebieten Vertreibungen, bzw. Massaker vor, die von der Guerilla, den Paramilitärs (nicht selten gemeinsam mit dem Militär!) und Drogenbanden verübt werden, um das wertvolle Land zu annektieren. Überlebende Angehörige dieser Volksgruppe sind daher immer öfter gezwungen, in die Städte zu ziehen, wo nur den wenigsten die Akklimatisierung gelingt. Männer sind nicht selten dem Alkohol verfallen und lassen ihre Frauen samt Kindern im Stich.

Generell betrachtet, stellt die wohl à la longue nicht mehr zu vermeidende Auflösung einer jahrhundertealten Kultur eine traurige Entwicklung dar, die allerdings so ganz dem menschlichen Raubtierverhalten insgesamt entspricht, nach welchem sich der Stärkere gegenüber dem Schwächeren durchsetzt.

Nur wenige dieser alten Kulturen haben es daher geschafft, ihre traditionelle Lebensweise mit jener der Moderne zu verbinden, ohne dabei zu touristischen Schauobjekten zu mutieren. Ein noch geringerer Teil versucht sich allerdings auf ganz andere Weise zu behaupten – durch illegale Aktivitäten.

Ein kolumbianisches Beispiel dafür stellen die sich auf den Schmuggel spezialisierten Wayu („Guajiros") dar, die als die größte indianische Untergruppe im Land, die Guajira Halbinsel bewohnt. Mit diesem Stamm ist nicht zu spaßen. Seit Generationen im Drogen- und Alkoholschmuggel tätig, bildet dieser unter Waffen stehende Clan sogar Zweckgemeinschaften mit den Paramilitärs, die bei ihren Koka-Tranporten durch Wayu-Gebiet eine Wegsteuer bezahlen müssen.

Die Minderheitenfrage ist grundsätzlich eine heikle Thematik, die auch in vielen „zivilisierten" Ländern allzu gerne verdrängt- oder von populistischen Politikern für Wahlkampfzwecke missbraucht wird.

Kolumbien hat sich zwar in dieser Angelegenheit durch die Schaffung von Rahmenbedingungen um Lösungen bemüht, allerdings nützt das wenig, wenn gesetzlich zuerkannte Rechte weder von den illegalen Banden, noch vom Staat selbst eingehalten werden, der an den Vertreibungen der Zivilbevölkerung durch das Militär beteiligt ist. Die Ausbeutung der Bodenschätze sowie die von Uribe geforderte Ausweitung des Ölpalmprojekts werden daher den Minderheiten in Zukunft das Leben immer schwieriger machen.

Ein neuer Krieg in Medellin

Nachdem, wie schon mehrmals erwähnt, bis zur Auslieferung der paramilitärischen Bosse im Jahre 2008 relativer Frieden herrschte, begannen sich – wie erwartet – wenige Monate danach die Fronten erneut zu verhärten. In nahezu allen Städten brach ein Bandenkrieg aus, um frei gewordenen Reviere neu aufzuteilen. So auch in Medellin.

Brachte das Jahr 2007 in Medellin noch ein positives Rekordergebnis von „nur" 651 Morden, stieg die Zahl der gewaltsam herbeigeführten Todesfälle in den folgenden Jahren wieder beträchtlich an. So verzeichnete die Stadt im Jahre 2009 bereits über 2000 Morde.

Was führte nun zu diesem erneuten Anstieg der Gewalt in Medellin (und im Übrigen in sämtlichen größeren Städten Kolumbiens)?

Ein Grund war mit Sicherheit die Auslieferung Don Bernas, wodurch die Stadt und sämtliche adaptierten Banden ihren Capo verloren.

Aber auch das politische Versagen bei der Demobilisierung tat sein Übriges: Viele paramilitärischen Kämpfer wollten ihre Waffen nicht niederlegen und zogen es daher vor, einfach in der Provinz unterzutauchen, um sich dort neu zu formieren. Diejenigen, die an der Demobilisierung teilnahmen, kassierten den monatlichen Unterstützungsbetrag und kehrten anschließend zu ihren Banden zurück – zu attraktiv waren die Verdienstmöglichkeiten im illegalen Sektor, zumal die Regierung keine adäquaten Alternativen für einen dauerhaften Ausstieg geschaffen hatte.

Die illegalen Streitkräfte der Paramilitärs waren somit zwar offiziell abgebaut, ihr Gedanke lebte allerdings in verschiedensten Nachfolgeorganisationen weiter. Eine davon ist die der so genannten „Aguilas Negras" (Schwarzen Adler). Diese Gruppierung formierte sich ab dem Jahre 2006 aus ehemaligen paramilitärischen Blöcken und deren vorübergehend demobilisierten Mitgliedern, bzw. Kämpfern, die erst gar nicht ihre Waffen abgelegt hatten. Die Organisation umfasst heute um die 4.000 Personen, die in verschiedensten Departments operieren. Im Gegensatz zu ihren paramilitärischen Vorgängerorganisationen, die nur in Ausnahmefällen mit der Guerilla kooperierten, scheuen die „Aguilas Negras" die Zusammenarbeit mit den linken Rebellen nicht im Geringsten. Das erklärte Ziel ist nunmehr einzig und allein die Perfektionierung des Drogenhandels. Es ist daher zu befürchten, dass sich die – im Verhältnis zu früher – geschwächten Guerilleros mit den Nachfolgebanden der „Paras" zusammenschließen- oder zumindest arrangieren könnten, um so ein diskret operierendes Superdrogenkartell zu formen. Die derzeit stattfinden Entwicklungen gehen auf alle Fälle in diese Richtung.

Auch Medellin, jene Stadt, in der die Fäden in Bezug auf Drogen zusammenlaufen, wurde so zum Ziel der „Aguilas Negras". Mit dem Eindringen dieser „neuen" Paramilitärs in die Stadt – tatsächlich handelte es sich nur um eine Rückkehr der vor der Demobilisierung geflohenen AUC-Kämpfer – prallten sie mit den nach der Auslieferung Don Bernas inzwischen vogelfrei gewordenen lokalen Banden zusammen. Da die Methoden, ein „Barrio" unter Kontrolle zu bringen stets grausam sind, wurde Medellin einmal mehr von einer Welle der Gewalt überrollt. Ähnlich dem skrupellosen Vorgehen bei den Reviereroberungen in den 1990er Jahren, wo die Paramilitärs mit dem „Bloque Metro" in die Stadt einfielen, waren es diesmal die „Aguilas Negras", die die Zivilbevölkerung in Angst und Schrecken versetzten.

Wie schon erwähnt, gibt es in Medellin eine Vielzahl an Banden, – manche sprechen von an die 300 – die häufig aus nur wenigen Personen bestehen und sich um die Vorherrschaft über oftmals nur wenige Häuserblocks solange bekämpfen, bis sie unter einem starken „Barrio-Chef" vereinigt sind. Kontrolliert ein Chef den ganzen Stadtteil, ist jedoch auch das keine Garantie für Frieden, da jeder lokale Capo nach Höherem strebt und wie einst Pablo Escobar oder Don Berna, die ganze Stadt regieren will – mit der Folge, dass sich auch Banden der unterschiedlichen Stadtteile bekriegen. Ein Chaos, das aufgrund der in Kolumbien herrschenden Tradition solange andauert, bis ein starker Mann übrig bleibt oder eine Koalition geschlossen wird.

Wie gingen nun die Banden von Medellin nach der Demobilisierung im Konkreten vor?

In einem ersten Schritt mussten sich die Gangs neu bewaffnen. Nachdem sie ihre Waffen – die meisten davon waren allerdings ohnehin alte, wertlose Geräte – im Zuge der Demobilisierung abgegeben hatten, bzw. die neueren Modelle aufgrund der verstärkten Polizeipräsenz aus der Stadt gebracht worden waren, sahen sich die Banden zunächst gezwungen, auf Stichwaffen umzusteigen. Da man mit Messern jedoch keinen Krieg gewinnen kann, begann nach der Auslieferung Don Bernas die erneute Aufrüstung mit Schusswaffen, die heute aus dem Ausland via Venezuela ihren Weg zu den Banden finden.

Adäquat ausgestattet mussten sich die Gruppierungen in einem weiteren Schritt neu formieren. Die Strategie war es nun auch verstärkt Kinder einzubeziehen, da diese für sämtliche Verbrechen eingesetzt werden können, ohne sich dabei strafbar zu machen. Um laufend neues menschliches Material zu bekommen, werden immer öfter auch Zwangsrekrutierungen durchgeführt. Bewaffnete Kämpfer dringen in die Häuser ein und entreißen den Familien ihre Kinder, die im Anschluss für illegale Tätigkeiten eingesetzt werden.

Neben der rapide ansteigenden Mordrate nahm auch die Zahl jener Personen, die unter Drohungen ihre Häuser verlassen mussten, zu. Über 1.800 Familien, die vielfach in die Stadt kamen, weil sie von ihrem Land vertrieben worden waren, verloren so im Jahre 2008 ihre Bleibe. Die Häuser werden von maskierten Männern aufgesucht, die der Familie mitteilen, dass ihre Unterkunft benötigt werde. Weigern sich die Bewohner wegzuziehen, werden sie getötet. Die frei werdenden Häuser werden als Waffenlager, Drogenbunker oder als städtische Drogenlabors genützt.

Um Macht zu demonstrieren, terrorisieren die Banden nicht selten die Zivilbevölkerung. Vergewaltigungen sowie das Jagen von Schwulen und Obdachlosen gehören dabei zu einer beliebten Freizeitbeschäftigung. Folgende Szenen wurden nach dem neuerlichen Gewaltausbruch wieder zum Alltag in den „Barrios":

Drei Bandenmitglieder greifen auf der Straße einen betrunkenen Mann auf. Sie wollen ihn töten, bringen ihn aber dann doch nach Hause, wo er von seiner Tochter erwartet wird. Die Männer quälen und bedrohen den Mann und zwingen ihn bei der Vergewaltigung seiner Tochter zuzusehen. Danach verlassen sie das Haus.

Anderen Mädchen ergeht es noch schlechter. Sie werden gefangen gehalten und über Tage hinweg von Bandenmitgliedern missbraucht.

In den „Barrios" ist man daher zurzeit nicht sicher. Nach 22h müssen alle Bewohner in ihren Häusern sein, wollen sie nicht riskieren, getötet zu werden. In manchen „Barrios" (San Javier) gilt die Sperrstunde bereits ab 18h, weil es einfach zu gefährlich ist, sobald es dunkel wird. In diesen kritischen „Barrios" beenden selbst Taxifahrer ihren Dienst bei Dunkelheit, wollen sie nicht Opfer eines Raubes werden.

Neben Überfällen, Drogenhandel und Schutzgelderpressungen von den Anwohnern werden auch die Busunternehmen erpresst. Die „Vacuna" beträgt 13.000Peso (etwa 6EUR) pro Bus und Tag. Weigert sich das Unternehmen zu bezahlen, werden die Chauffeure umgebracht oder der ganze Bus entführt. Mehrere Lenker fanden auf diese Art bereits den Tod, bzw. wurden verletzt.

Die Banden scheuen aber auch nicht davor zurück, in die „Barrios" der Reichen einzudringen. Überfälle und Fahrzeugraub nehmen deswegen bereits stark zu.

Das Projekt der Demobilisierung ist damit nicht nur gescheitert, sondern hat mit der Auslieferung der paramilitärischen Führer die Lage auch noch verschlimmert und neue Revierkämpfe ausbrechen lassen – eine Konsequenz, die an sich völlig logisch ist.

Die Verlockung, im Drogenhandel das große, schnelle Geld zu machen, ohne dafür eine Ausbildung zu benötigen sowie jene Macht erlangen zu können, mit der man selbst die Politik beeinflussen kann, ist in den Gehirnen der kolumbianischen „Barrio-Bewohner" stets präsent. Diese perspektivlosen Jugendlichen werden daher immer bereit sein, ihr Leben und hohe Gefängnisstrafen zu riskieren, um so wie ihre Vorbilder, die Capos aus dem Medellin-Kartell, zu leben – der Jugendliche aus den „Barrios" will nicht studieren, sondern ein Capo werden!

Escobar gilt noch immer als der große Held in der armen Bevölkerung. Er war einer aus ihren Reihen und hat es zu einem der reichsten Menschen der Welt gebracht. Eine kürzlich abgedrehte „Telenovela" über sein Leben erreichte daher in Kolumbien enorme Zuseherwerte und ließ selbst die unter 10-Jährigen voller Bewunderung am Bildschirm kleben.

Ebenso wie in anderen Großstädten wird auch das Problem der Banden in Medellin nicht lösbar sein. Das Militär kann die „Barrios" zwar stürmen und die Gegner können einander wilde Schießereien liefern, ohne dabei allerdings Grundlegendes zu verändern. Im Drogengeschäft ist einfach zuviel Geld im Spiel. Die Exekutive kann daher nur mehr versuchen, eine Ausuferung des kriminellen Treibens zu verhindern. Medellin und die übrigen großen Städte Kolumbiens werden sich in absehbarer Zeit zu Städten entwickeln, in denen bestimmte „Barrios" einfach nicht mehr kontrollierbar sind. Die kolumbianische Politik wird sich damit abfinden müssen, dass sie versagt hat. Der Staat hätte nämlich bereits in den Anfängen der Bandenbildungen verschärft einschreiten müssen, wozu er allerdings aufgrund seiner Schwäche, die durch korrupte Beamten und Politiker hervorgerufen worden war, nicht in der Lage gewesen ist. Jetzt, wo die Bandenstruktur über Jahrzehnte hinweg gewachsen ist, ist es für Lösungen zu spät.

Die weiteren Entwicklungen in Medellin werden daher in Richtung brasilianische Verhältnisse gehen, wo die Polizei und das Militär nur mehr eingreift, wenn gewisse Spielregeln überschritten werden. Die Menschen in den kolumbianischen „Barrios" werden daher auch in Zukunft in einem von illegalen Verbänden kontrollierten und terrorisierten Mikrokosmos, d.h. in einer Parallelgesellschaft, ohne eine Möglichkeit auf legalen sozialen Aufstieg, leben müssen.

Die neuen Capos in Kolumbien

Die Schnelllebigkeit unserer modernen Welt hat auch den Drogenhandel erfasst und führt so zu permanenten Änderungen in der illegalen Führungsspitze. Kaum ein Capo ist heutzutage in der Lage, sich über einen längeren Zeitraum in dem Geschäft zu behaupten. Die meisten Mafiosi werden bereits auf einer der unteren Ebenen getötet oder verhaftet. Wer den Aufstieg an die Spitze dennoch schafft, hat sich viele Feinde gemacht, die zu allem bereit sind. Dem Capo droht somit aus mehreren Richtungen Gefahr. Rivalisierende Banden, die ihm das Geschäft abnehmen wollen, stellen ebenso ein Problem dar, wie die Exekutive, die den Vereinigten Staaten Ergebnisse im Kampf gegen den Drogenhandel präsentieren muss. Ist der Name eines Capos erst einmal bekannt und taucht in den Medien auf, ist es meistens nur mehr eine Frage der Zeit, bis selbiger getötet-, bzw. verhaftet wird – früher oder später hat es noch jeden erwischt, der ganz oben gestanden ist...

Wer sind nun die kolumbianischen Capos des neuen Jahrtausends?

Ein Name, der im Zuge des Demobilisierungsprozesses auftauchte, war jener von *Daniel Rendón Herrera alias Don Mario*.

Der zu Beginn eher schüchterne Herrera schloss sich in den späten 1980er Jahren den Castaño-Brüdern und ihrer paramilitärischen Einheit an. Er war ein gelehriger junger Mann und begann daher rasch, innerhalb der Organisation aufzusteigen. Als die Gruppe immer größer wurde, übertrug man ihm sogar einen eigenen Block mit dem Auftrag, Guerilleros zurückzudrängen und das so gewonnene Land sicherzustellen. Herrera erledigte diese Aufgabe zur vollsten Zufriedenheit seiner Chefs und wurde in der Folge zu einer einflussreichen Person innerhalb der im Jahre 1997 gegründeten AUC (vereinigte paramilitärische Streitkräfte).

Als die paramilitärischen Verbände mit der Regierung Uribe einen Deal eingingen, wollte zunächst auch Don Mario am Demobilisierungsprozess teilnehmen, änderte dann allerdings seine Meinung und tauchte unter. Er war inzwischen zu einem reinen Drogenhändler geworden, der enorme Mengen Kokain exportierte und wollte dieses lukrative Geschäft nun doch nicht aufgeben. Neben dem Drogenhandel kontrollierte er aber auch einen Großteil der Prostitution und des Wuchergeschäfts in Kolumbien.

Nach der Demobilisierung der AUC gründete Don Mario daher eine neue paramilitärische Einheit, die ihren Arbeitsschwerpunkt in Urabá hatte. Dieses Gebiet nahe der panamesischen Grenze ist eine der wichtigsten Zonen für den Drogenexport. Daneben verfügte der Capo über Streitkräfte an der gesamten Karibikküste bis hin zur Guajira-Halbinsel – der Kokainexport in dieser Region war somit fest in seiner Hand.

Und wie war nun das Verhältnis des Capos zur Guerilla?

Don Mario, der mächtige Drogenhändler, der einst gegen Guerilleros kämpfte, um ihnen Gebiete abzugewinnen, hatte seine Einstellung gegenüber den linken Rebellen grundlegend geändert. In seinen neuen Truppen fanden sich neben ehemaligen Paramilitärs auch Überläufer der FARC und ELN-Guerilla. Wieder einmal hatte sich die These bestätigt, dass im Drogenhandel kein Raum für Ideologie und Moral vorhanden ist.

In seiner Funktion als erfolgreicher Drogenhändler verfügte der Capo über beste Kontakte zu den Kartellen in Mexiko und mischte in dem nach dem Scheitern der Demobilisierung ausgebrochenen Bandenkrieg in Medellin kräftig mit. So galt er als Förderer der „Aguilas Negras", jener paramilitärischen Nachfolgeorganisation, die seit der Demobilisierung auch in Medellin enorme Präsenz zeigt.

Don Mario war in seinem Vorgehen skrupellos. In dem von ihm kontrollierten Gebiet vom Chocó bis zur Guajira werden ihm um die 3000 Morde in nur 18 Monaten nachgesagt. Die Hinrichtungen wurden oftmals auf grausamste Weise begangen. So ließ er etwa zahllose seiner Feinde ganz in paramilitärischer Manier mit Kettensägen verstümmeln. Als sich die Schlinge um ihn immer enger zog, setzte auch er – wie schon einst Pablo Escobar – ein Kopfgeld auf jeden getöteten Polizisten aus. Don Mario konnte schließlich im April 2009 gefasst werden und wartet derzeit auf seine Auslieferung in die USA.

Ein weiterer Capo der Gegenwart ist *Daniel „El Loco" Barrera*. Dieser Mafioso freundete sich in den 1990er Jahren mit einflussreichen Guerilleros an, die ihm in der Folge Kokainpaste aus ihren Labors im Osten des Landes (nahe Puerto Lleras) verkauften. Barrera belieferte mit der von den Rebellen erworbenen Paste mehrere Drogenkartelle, darunter auch das Kartell Norte del Valle. Daneben machte er allerdings auch Geschäfte mit den Paramilitärs, die zwar die Guerilleros bekämpften, aber nicht abgeneigt waren, deren Rohstoff für die Kokainherstellung zu erwerben. Barrera wurde so durch seine geschickte Vorgehensweise zum landesweit wichtigsten kriminellen Mittelsmann zweier verfeindeter Gruppierungen. Um seine eigene Macht auszuweiten, begann er in der Folge die Hauptstadt des Landes zu infiltrieren, sodass heute kein Kilo Kokain nach Bogotá kommt, das nicht von ihm kontrolliert wird. Daneben wird ihm nachgesagt, dass er auch im Smaragdgeschäft seine Finger im Spiel hat.

Barrera ist ein ausgezeichneter Stratege und in seinem Vorgehen äußerst raffiniert. Seine Bestechungsgelder sind primär an höchste Mitarbeiter der Polizei und des Militärs gerichtet, von wo dem Mafioso üblicherweise die größte Gefahr droht. Dass der Capo daneben über beste Kontakte zur Politik verfügt, zeigt die Tatsache, dass der Sicherheitschef seiner Organisation niemand Geringerer als der Bruder eines ehemaligen Regierungsbeamten ist. Weiters konnte er erreichen, dass seine Fingerabdrücke, die jeder Kolumbianer abgeben muss, aus sämtlichen Computern gelöscht wurden. Barrera, der schon als der Nachfolger von Pablo Escobar bezeichnet wird, besitzt zumindest drei verschiedene „Cedulas" (Personalkarten) und unterzieht sich in regelmäßigen Zeitabständen einer Gesichtsoperation. Der Capo konnte bis jetzt noch nicht gefasst werden.

Pedro Oliviero Guerrero Castillo alias „Cuchillo" ist ein weiterer wichtiger Mann im Drogengeschäft, der über eine lange paramilitärische Erfahrung verfügt. Er diente schon zu Zeiten des Medellin-Kartells in einem der Verbände Gonzalo Gachas und wurde später Kommandant eines eigenen Blockes innerhalb der AUC. Im Zuge des Demobilisierungsprozesses war er ursprünglich bereit, seine Waffen niederzulegen, entschloss sich dann aber doch dazu, unterzutauchen. Castillo gründete eine neue narcoparamilitärische Einheit (Ejercito Revolucionario Popular Antisubversivo de Colombia, kurz ERPAC) und steht heute nach wie vor in enger geschäftlicher Verbindung zu seinem alten Freund, dem eben genannten Daniel Barrera.

Luis Enrique Calle Serna alias „Comba" und *Diego Pérez Henao alias „Rastrojo"* sind zwei weitere Mafiosi der ersten Reihe. Den beiden wird nachgesagt, ihren Chef Wilber Varela – den ehemalige Boss des Kartells Norte del Valle – in Venezuela ermordet zu haben, um dessen Imperium übernehmen zu können.

Diego Henao war ursprünglich ein „Sicario" (Auftragskiller) in Varelas Organisation. Seit dem Jahre 2002 leitete er die „Rastrojos", eine narcoparamilitärische Gruppe, die von Varela zum Schutz der Labors und für den Kampf gegen rivalisierende Banden gegründet wurde.

Calle Serna war ursprünglich der Finanzchef der Varela-Bande und verfügt über beste Kontakte zu den mexikanischen Kartellen, die nun er und Henao, wie einst deren Bosse des Kartells Norte del Valle von der kolumbianische Pazifikküste aus, mit Drogen versorgen.

Und wie ist die aktuelle Situation in Medellin?

Nachdem Don Berna die Geschäfte abgegeben hatte, folgte zunächst *Carlos Mario Aguilar alias „Rogelio"* als Leiter des „Oficina Envigado". Der Nachfolger des großen Don Berna konnte sich jedoch nicht lange halten und wurde bereits kurz nach seiner „Amtsübernahme" ermordet.

Wie schon erwähnt, war Medellin damit wieder einmal zu einem Kriegsschauplatz geworden. So ließ die Auslieferung Don Bernas ebenso wie der Tod Pablo Escobars ein Machtvakuum zurück, das gefüllt werden wollte. Die darauf folgenden Gewaltausbrüche, die durch Revierkämpfe von um die Macht streitenden Mafiosi hervorgerufen worden waren, brachten daher der Stadt und vor allem ihrer zivilen Bevölkerung erneut große Probleme. Neben den einander bekämpfenden lokalen Banden drängten aber auch Verbände von außerhalb nach Medellin, um das ausgebrochene Chaos auszunutzen. Don Mario mischte in den Kämpfen ebenso mit wie die Organisation von Wilber Varela.

Nach weiteren Verhaftungen (Don Mario, 2008) und Morden (Vilber Varela, 2008), war das „Oficina Envigado" zuletzt von drei Bossen besetzt, die um die Vormachtstellung in der Stadt und in der Küstenregion im Norden kämpften – wer Medellin kontrolliert, verfügt auch an der Karibikküste, die eine wichtige Drogenexportroute des Landes darstellt, über entscheidenden Einfluss.

Maximiliano Bonilla alias „Valenciano", Erick Vargas alias „Sebastian" und *Jader Botero alias „Gancho"* – drei Mafiosi der zweiten Reihe, die schon unter Don Berna gedient hatten, tauchten jüngst im Zusammenhang mit den neuerlichen Unruhen in Medellin auf, wobei der Ausbruch des Krieges zwischen diesen drei Personen „Valenciano" angelastet wird, der sich zum Boss der Bosse erklären wollte und mit einer Machtaufteilung nicht einverstanden war. „Valenciano" ist ein typisches Beispiel für die Denkweise eines kolumbianischen Mafioso. Im Gegensatz zu der bereits kultivierten italienischen Mafia, die ihre Machtkämpfe längst überwunden hat, agieren die Kolumbianer oftmals wie primitive Machtmenschen, die nicht dazu bereit sind, ihre Gewinne mit Partnern zu teilen. Zwar können die modernen Capos noch immer enorme Summen in kürzester Zeit verdienen, allerdings sind die meisten schlichtweg zu unkooperativ, um ihren Reichtum länger genießen zu können. Den aus einfachsten Verhältnissen stammenden Kriminellen fehlt vielfach die nötige Bildung, um sich im Drogengeschäft dauerhaft zu behaupten, da auch dieses Geschäft professionell nach unternehmerischen Grundsätzen geführt werden muss – mit der Erschwernis, illegal zu sein..

Neben Bildung und unternehmerischem Denken ist allerdings auch der Umgang mit Geschäftspartnern ein zentrales Thema im Drogenhandel.

Während man in Verbrecherkreisen der alten Schule noch so etwas wie einen Ehrenkodex finden konnte, war selbiger im Drogengeschäft noch nie stark ausgeprägt und fehlt in den neuen Organisationen überhaupt zur Gänze. So versuchte etwa die Bande um Wilber Varela seine Konkurrenten durch die Tötung derer nahe stehenden Frauen zu zermürben – ein solches Vorgehen war sogar unter dem Massenmörder Pablo Escobar verpönt.

Die meisten der jungen „Rambos" sind daher heutzutage nicht mehr in der Lage, sich über längere Zeit an der Spitze zu halten – sie werden wesentlich rascher als ihre „Ahnen" aus dem Medellin-Kartell von der zwar noch immer korrupten, aber im Vergleich zu früher doch effizienter vorgehenden Exekutive verhaftet oder eben von einem Konkurrenten ermordet. Allerdings mangelt es trotzdem nicht an menschlichem Nachschub. Sobald eine Organisation aufgebaut ist und der Boss getötet oder verhaftet wird, tritt sofort die zweite Reihe ins Rampenlicht. Auf jeden größeren Eingriff der Exekutive folgt somit ein neuer Bandenkonflikt. Das Ökosystem der Mafia ist hochsensibel und reagiert auf Störungen stets blutig. Die Staaten und ihre teuren Spezialbehörden werden somit zu bloßen Statisten in einem Kampf, der nie zu Ende gehen wird – die Drogenbekämpfung mutiert somit zu einer Beschäftigungstherapie für teure stattliche Institutionen, die dem illegalen Drogenhandel ihre Existenz verdanken!

Zynisch betrachtet wäre es daher wohl das Beste, einige starke Capos im Amt zu lassen und so auf diese Weise zumindest eine kontrollierte Kriminalität im Land zu gewährleisten. Man muss heute die über Jahrzehnte hinweg gewachsene Mafia-Struktur in Kolumbien einfach als Faktum ansehen, das die organisierte Kriminalität längst zu einem fixen Bestandteil der kolumbianischen Gesellschaft gemacht hat. Dass es soweit kommen konnte, hat jedoch einzig und allein der Staat mit seinen korrupten Vertretern zu verantworten, die das Aufkommen der Drogenmafia und Banden nicht rechtzeitig bekämpft hatten, die eine Lösung für das Guerilla Problem „verschlafen" hatten und die den Paramilitarismus schlussendlich salonfähig gemacht haben.

Wäre der Staat in der Lage gewesen, den Bandenbildungen schon im Ansatz mit aller Schärfe entgegenzutreten, hätten die Drogenkartelle keine Chance gehabt, ihre Organisationen in der danach bestehenden Form aufzubauen. Dies wird im Übrigen auch von dem inzwischen offiziell ein geruhsames Leben in Freiheit führenden, ehemaligen Drogenhändler des Medellin-Kartells, Juan David Ochoa, bestätigt, der in einem Interview unmissverständlich klar machte, dass ein Medellin-Kartell niemals entstehen hätte können, wenn die zuständigen Behörden, – und das inkludiert auch jene der Amerikaner – die allesamt bereits in den Anfangszeiten von dem Treiben Bescheid wussten, rechtzeitig eingegriffen hätten.

Heute, 40 Jahre danach, ist es jedoch ungleich schwieriger, grundlegende Dinge noch zu ändern. Zu tief hat sich die organisierte Kriminalität in den Staat hineingefressen und lässt Kolumbien keine andere Wahl, als weiterhin ein Mafiastaat zu bleiben, bis nicht endlich die Korruption durch radikale Maßnahmen beseitigt wird. In Wahrheit wird nämlich der heutige kolumbianische Staat von Angehörigen illegaler Verbände – oder zumindest ihnen nahe stehenden Personen – repräsentiert.

So verdankte auch Medellin seine vergleichsweise niedrige Mordrate vergangener Jahre der starken Präsenz paramilitärischer Verbände, unter der sich sämtliche andere Banden unterzuordnen hatten. Interessanterweise waren es daher nicht die Politiker, die für Frieden in der Stadt sorgten, sondern Don Berna, der letzte Capo von Medellin.

Paramilitärs und FARC-Guerilla im Drogenhandel

Neben den großen Drogenkartellen der 1980er Jahre und den Drogenbanden der Gegenwart ist auch die FARC-Guerilla seit den 1970er Jahren ein fester Bestandteil des Drogengeschäfts. Allerdings beschränkte sich die Aktivität der Rebellen zunächst ausschließlich auf die Kultivierung der Koka-Pflanze, die nach der Ernte an diverse Drogenbarone und deren Organisationen verkauft wurde. Diese ersten Stufen des Drogenhandels – die Kultivierung und der Verkauf des Rohstoffes – bringen jedoch keinen allzu großen Profit ein. Zunehmend begannen die Guerilleros daher auch so genannte Wegzölle einzuheben. Dabei kassierten die linken Rebellen für jedes Kilo Kokain, das durch das von ihnen kontrollierte Gebiet transportiert wurde, einen bestimmten Geldbetrag ein.

Dieser schrittweise Einstieg der Guerilla in das Drogengeschäft ist aber auch ein Indiz dafür, dass im Drogenhandel – abseits von unterschiedlichen Ideologien und bestehenden Feindschaften – seit jeher eine Zusammenarbeit der illegalen Gruppierungen notwendig war, um das Geschäft erfolgreich zu betreiben.

Die Guerilla erkannte jedoch schon bald, dass das große Geld nicht alleine mit dem Anbau von Koka und der Einhebung von Zöllen verdient werden konnte. Zum Kokaanbau sind im Übrigen die Bauern, die, linken Ideologien entsprechend, von der Guerilla eigentlich vertreten und geschützt werden sollten, nicht selten brutal gezwungen worden. Die Rebellen erweiterten daher sukzessive ihren Wirkungsbereich und waren bereits Ende der 1990er Jahre in der Lage, alle Stufen des Drogenhandels zu bedienen, das heißt vom Anbau, bis hin zu den hochprofitablen Abschnitten Produktion in eigenen Labors sowie dem Transport und Verkauf ins Ausland. Gegenwärtig ist die FARC-Guerilla zwar aufgrund der staatlichen Initiative und paramilitärischer Vorstöße stark geschwächt, hat allerdings den Drogenhandel vor allem im südlichen und südöstlichen Teil des Landes noch immer fest in der Hand. Darüber hinaus kommt es nunmehr auch verstärkt zu intensiven Kooperationen aller am Drogenhandel beteiligten Kräfte, was die Grenzen zwischen den einzelnen Organisationen allmählich verschwinden lässt.

Neben diversen Drogenbanden und der Guerilla sind auch die paramilitärischen Verbände in den Drogenhandel involviert. Obwohl die Paramilitärs nun offiziell demobilisiert sind, kontrollieren deren Nachfolgeverbände vor allem im Norden Kolumbiens weiterhin das Geschäft. Wie bei der

Guerilla erfolgte der Einstieg ins Drogengeschäft auch bei den „Paras" schrittweise.

So hatten die rechten Todesschwadronen ursprünglich mit dem Drogenandel nichts zu tun, sondern waren vielmehr zum Schutz der Großgrundbesitzer vor Angriffen der Guerilla gegründet worden. Daneben sorgten aber immer wieder auch persönliche Rachemotive – wie im Falle der Castaño-Truppe – für einen Zusammenschluss von Personen, um gegen die linken Rebellen vorzugehen (der Vater der drei Brüder war von der Guerilla entführt und getötet worden).

Nach und nach wurden allerdings auch die großen Drogenkartelle der damaligen Zeit auf die militärisch immer stärker werdenden, sich allmählich verselbständigenden, „Paras" aufmerksam und begannen, deren Dienste verstärkt in Anspruch zu nehmen, indem sie ihnen etwa die Bewachung von Grundstücken samt den darauf befindlichen Drogenlabors übertrugen. Zusätzlich gründeten die Drogenbarone aber auch ihre eigenen Kampftruppen, die eine Art private Schutzarmee darstellten.

Die Paramilitärs hatten allerdings einen entscheidenden Startvorteil gegenüber der Drogenmafia und der Guerilla: Während Mafia und linke Rebellen den mühsamen Weg der Bestechung gehen mussten, um den Staat für ihre Zwecke gefügig zu machen, arbeiteten die Todesschwadronen seit ihrer Gründung eng mit der Exekutive zusammen, die selbst nicht in der Lage war, das Guerilla-Problem in den Griff zu bekommen und daher auf die Hilfe dieser illegalen Verbände angewiesen war.

Nach der Zerschlagung der Drogenkartelle durch den Staat (unter Mithilfe der Paramilitärs, „Los PEPES") war es nun ein Leichtes für die militärisch bestens ausgebildeten „Paras", selbst das Drogengeschäft zu übernehmen. Mit der Vereinigung der Todesschwadronen zu der landesweiten Organisation AUC im Jahre 1997 waren die „Paras" somit zu einer der mächtigsten Drogenmafia geworden, die bis zu ihrer Demobilisierung der Guerilla zahlreiche Gebiete abringen konnte.

Dass der Demobilisierungsprozess letztendlich scheitern musste, liegt allerdings auf der Hand. Jene „Paras", die nicht dazu bereit waren ihre erworbene Macht aufzugeben, gründeten neue Verbände, um so den lukrativen Drogenhandel weiterführen zu können. Ebenso wie bei der Guerilla ist zwar auch die Mitgliederzahl in den paramilitärischen Nachfolgeverbände durch die Demobilisierung geschrumpft – sie wird allerdings wieder rasch ansteigen, da die ungebildete Jugend über keine anderen Alternativen verfügt, als sich letztendlich einer illegalen Gruppierung anzuschließen.

Die Routen der kolumbianischen Drogenhändler

Seitdem Drogen geschmuggelt werden, gibt es auch Routen, die zwischen den bestehenden Organisationen aufgeteilt werden und deswegen nicht selten auch hart umkämpft sind. Nachdem in Kolumbien die großen Kartelle, wie jene in Medellin und Cali, zerschlagen worden waren, wurde ein großer Teil der Schmuggelstraßen von den Paramilitärs übernommen. Daneben agieren im kolumbianischen Drogenhandel aber auch zahlreiche Banden und – vor allem im Süden des Landes – nach wie vor die Guerilla. Auch wenn Kooperationen schon in den Anfängen des Drogengeschäfts stattgefunden haben, beginnen die Grenzen zwischen den ehemals getrennt vorgehenden drei Gruppierungen nunmehr zunehmend völlig zu verschwimmen. Ideologische Gedanken haben sich über die Jahre hinweg aufgelöst, was die Tendenz in Richtung einer gemeinsamen Perfektionierung des Drogenhandels erkennen lässt.

Im Kolumbien der Zukunft werden sich daher paramilitärische Todesschwadronen und linke Guerilleros weniger aus politischen Gründen oder besser ausgedrückt, aus pseudo-politischen Rachemotiven bekämpfen, sondern ausschließlich wegen der Aufteilung der Drogenrouten im Land. Das „weiße Gold" wird somit das Schicksal des Landes weiterhin bestimmen.

Kolumbien ist allerdings nicht nur eine Kokainhochburg. Bereits in den 1980er Jahren kamen Pakistanis und Afghanen ins Land und nahmen mit dem Cali Kartell Kontakt auf. Diese asiatischen Pioniere schulten die Mafiosi im Anbau von Mohn, um das Drogengeschäft weiter auszubauen. Schon bald hatte Kolumbien – nach Afghanistan – die zweitgrößten Anbauflächen und verdrängte damit sogar das Goldene Dreieck (Burma, Thailand und Laos) auf Platz drei. Damit konnte der amerikanische Markt zu 60% mit Heroin beliefert werden. Die nach dem Bekanntwerden dieses neuen Wirtschaftszweiges folgende Bekämpfung durch den Staat scheiterte allerdings ebenso, wie der Versuch, den Kokain-Handel einzudämmen. Selbst das Besprühen mit Gift konnte keine großen Erfolge bringen – findige Köpfe hatten eine Art Honig-Paste entwickelt, die, nachdem sie aufgetragen war, die unverwüstliche Mohnpflanze vor Giftangriffen schützte.

Während somit Kokain und Heroin weiterhin attraktive Handelsgüter geblieben sind, verlor der Handel mit Marihuana – der im Übrigen immer schon weniger einträglich war – zunehmend an Bedeutung. Marihuana wird heute in den USA und Europa selbst kultiviert, wodurch die ehemaligen Nachfrager zu Selbstversorgern geworden sind. Bei der dabei eingesetzten Gewinnmaximierungsstrategie wird die Hanfpflanze in Chemielösungen aufgezogen, um so die Wirkstoffe zu erhöhen. Im Gegensatz zum Naturprodukt greift diese Anbauart allerdings erheblich stärker die Psyche der Konsumenten an und lässt jeden Althippie in tiefe Verzweiflung verfallen.

Wie werden nun die Drogen von Kolumbien außer Landes gebracht?

Auf die strategisch günstige Lage des Landes wurde bereits mehrfach hingewiesen. Die südliche Ostgrenze ist größtenteils Urwaldgebiet und damit praktisch unkontrollierbar. In dieser Region kontrolliert die FARC-Guerilla die Routen, die allesamt nach Venezuela, bzw. Brasilien führen. Im Dreiländereck (Kolumbien, Brasilien, Peru), um die kolumbianische Stadt Leticia, laufen dabei sämtliche Fäden zusammen. Hier kommt es zu Kooperationen zwischen der peruanischen, kolumbianischen und brasilianischen Drogenmafia. Die Paste (Kokainvorstufe) wird von Peru per Schiff über den Amazonas oder mit Kleinflugzeugen angeliefert, in Kolumbien weiterverarbeitet, bzw. sofort an die Brasilianer verkauft. Ebenso wie in Kolumbien, befinden sich nämlich auch im brasilianischen Urwaldbundesstaat Amazonas zahlreiche Drogenlabors, die eine diskrete Produktion gewährleisten. Das fertig raffinierte Produkt wird dann in die drei Guyana-Staaten, insbesondere in die ehemalige holländische Kolonie Surinam verfrachtet, von wo es dann weiter in die USA oder nach Europa (oftmals via Afrika) verschifft wird.

Ein Teil der Drogen ist aber auch für den brasilianischen Markt selbst bestimmt, der aufgrund seiner Größe schon immer enorm wichtig war. Die brasilianische Drogenmafia ist daher auch selbst groß im Geschäft und kontrolliert ganze Stadtteile in den Großstädten von Belém bis Sao Paulo. Die Ware kommt dabei aber nicht nur über Kolumbien ins Land. Die brasilianischen Gangs haben auch beste Kontakte nach Bolivien und Peru. Als Drogenparkplatz für den Export ins Ausland fungiert vornehmlich das günstig gelegene Paraguay – ein Land das mit der Schmuggelhochburg Ciudad del Este und einem korrupten Staatsapparat über beste Voraussetzungen für illegale Aktivitäten jeglicher Art verfügt.

Der Nordosten Kolumbiens (Halbinsel Guajira) ist in den Händen der „Paras", bzw. deren Nachfolgeorganisationen. Auch von hier wird ein Großteil der Ware zunächst nach Venezuela verfrachtet. Das Wüstengebiet dieses Landzipfels, das von den Wayu-Indianern bevölkert wird, eignet sich im Übrigen hervorragend für illegale Geschäfte und war schon immer ein gefährliches Schmuggelgebiet. Auch die Infrastruktur ist bestens ausgebaut: Flugplätze auf kolumbianischer und venezolanischer

Seite sowie käufliche Zollbeamten, die den reibungslosen Export garantieren, sorgen insgesamt für ideale Bedingungen.

Venezuela spielt übrigens seit jeher eine wichtige Rolle als Drogentransitland, weil die Beamten zu den korruptesten des gesamten Kontinents zählen. Diese Bestechlichkeit uferte unter Präsident Chávez noch weiter aus, sodass heute ein Großteil der venezolanischen Exekutive als ein aktiver Bestandteil der kolumbianischen Drogenmafia zu sehen ist. Zumindest auf dem Gebiet des Drogenhandels besteht daher zwischen den beiden Ländern, die einander sonst nicht gerade freundschaftlich gesinnt sind, eine hervorragende Zusammenarbeit.

Aufgrund dieser idealen Voraussetzungen entwickelte sich Venezuela in den letzten Jahren vom Transitland zu einem sicheren Drogenparkplatz, auf dem die Ware gesammelt wird, um sie im Anschluss auf dem Seeweg oder mit Flugzeugen problemlos weiterleiten zu können. Zielgebiet der Drogen sind einerseits die karibischen Inseln, die allesamt über regen Tourismus verfügen, wodurch sich die Gewinnspannen der Drogenhändler bereits beträchtlich erhöhen. So zahlt der in Ferienlaune feiernde Tourist bereits um die 20 US-Dollar für ein Gramm gestrecktes Kokain und erfreut sich trotzdem über ein vermeintliches Schnäppchen. Neben den ABC-Inseln (Aruba, Bonaire, Curacao) vor der Küste Venezuelas, wo Kolumbianer selbst den örtlichen Handel kontrollieren, bis über Trinidad, die Dominikanische Republik, Jamaika und Kuba, um nur einige zu nennen, wird die Ware von der Nordküste Venezuelas aus verteilt.

Eine der aktuellen Hauptflugrouten, die von den kolumbianischen paramilitärischen Nachfolgeorganisationen geflogen wird, geht derzeit von Venezuela nach Honduras. Instabile Regierungen, wie jene in dem mittelamerikanischen Land, bieten ideale Voraussetzungen für die Drogenmafia, um mit ihren Bestechungsgeldern die notwendige Infrastruktur aufbauen zu können.

Allerdings sind die karibischen Inseln und Mittelamerika global gesehen nur kleinere Abnehmer. Die wichtigsten Märkte sind nach wie vor die Vereinigten Staaten und Europa. Um die Drogen in die USA bringen zu können, wird daher in Zukunft ein weiterer Karibikstaat intensiver in den Drogenhandel eingebunden werden.

Belize bietet nicht nur sonnenhungrigen Amerikanern einen angenehmen Ferienaufenthalt, sondern auch ideale Bedingungen für die kolumbianische Mafia. Dichter Urwald, dünne Besiedelung, die Nähe zu Mexiko und den Vereinigten Staaten sowie ein korrupter Staatsapparat sorgen dafür, dass die ersten Kolumbianer bereits dort ihre Labors errichten –

Globalisierung und Auslagerung von Unternehmen findet eben auch im Drogenhandel statt!

Anstatt auf direktem Wege Europa anzusteuern, starten allerdings von der Küste Venezuelas auch vermehrt Schiffe mit „heißer" Ware nach Afrika. An der afrikanischen Ostküste findet die Mafia in zahlreichen Staaten ideale Bedingungen vor: Bestechliche Beamten und jede Menge potentielle Drogenhändler. So ist etwa die nigerianische Mafia hervorragend organisiert und in der Lage, die Drogen problemlos nach Europa zu schleusen.

Wie so eben erwähnt, ist Venezuela längst zum Drogenumschlagplatz Nummer eins geworden. Ein Grund dafür war auch die verstärkte Marine-Präsenz vor der kolumbianischen Nordküste. Die Guajira-Halbinsel, Santa Marta, Barranquilla, Cartagena und vor allem Turbo werden aber nach wie vor für den Export genützt. Die Drogenhändler werden dabei immer einfallsreicher. So ist etwa Cartagena ein beliebter Touristenort, der auch von zahlreichen Karibik-Kreuzschiffen angelaufen wird. Liegt das riesige Schiff im Hafen, kommen Taucher und befestigen am Rumpf des Schiffes wasserdicht verpackte Kokainpakete, die dann im Zielhafen wieder abgenommen werden.

Ideal gelegen ist die Stadt Turbo am Golf von Urabá, im Mündungsbereich des Rio Atrato. Dieser Fluss dient als Wasserstrasse, auf der ein Teil des im Chocó produzierten Kokains transportiert wird. Von Turbo aus starten dann die Schnellboote nach Panama. Eigene Routenspezialisten der Mafia, die mit bestochenen Angehörigen der Marine zusammenarbeiten, legen dabei die Strecken fest. Der Kapitän muss sich genauestens an die Vorgaben halten, will er vermeiden, erwischt zu werden. Wird ein Boot dennoch gestellt, werfen die Dealer die Ware über Bord, um einer Bestrafung zu entgehen. Trotz dieser Intervention ist die Ladung in den meisten Fällen dennoch nicht verloren. Die Strömung spült die wasserdicht verpackten Pakete an die Küste, die von der dort lebenden Bevölkerung, bzw. von den örtlichen Fischern auf See eingesammelt und zu einem guten Preis an die Mafia zurückverkauft werden – ein Lottogewinn für die örtlichen Gemeinden! Dieses profitable Nebengeschäft wird vor allem von der Bevölkerung der Blas-Inseln (Kuna-Indianer) vor der Küste Panamas genützt und verhalf selbiger aufgrund der zahlreichen Funde zu relativem Wohlstand.

Da allerdings das Entladen der Boote im Falle einer Anhaltung durch die Marine oftmals zu lange dauert, befestigen die Transporteure ihre wasserdicht verpackte Ware auch an langen Leinen und ziehen diese im Meer hinter sich nach. Droht Gefahr, werden die Leinen einfach gekappt.

Ebenso wie die Piloten zu Zeiten Pablo Escobars, die bis zu einer Million Dollar pro Trip verdienen konnten, sind auch die Schnellbootpiloten gut bezahlt. Für eine erfolgreiche Tour sind umgerechnet zwischen 30.000 und 40.000EUR vorgesehen. Neben dem Transportrisiko bei der Ausreise aus Kolumbien ist jedoch vor allem die Rückreise heikel. Während sich die Schmuggler bei der Hinreise relativ problemlos von der Ware entledigen können und selbige von der einheimischen Bevölkerung auch wieder zurückbekommen, kann eine Kontrolle bei der Rückreise den Verlust des Gewinnes (falls dieser nicht in einer Bank im Zielland verbleibt) bedeuten. Wer wirft schon gerne seine Geldscheine ins Meer!

Der wirtschaftlich rückständige und dünn besiedelte Chocó, – das kolumbianische Department an der Pazifikküste, wo hauptsächlich Schwarze leben – wird zunehmend zur Spielwiese der paramilitärischen Nachfolgeorganisationen und Guerilla. Das waldreiche Gebiet bietet ideale Voraussetzungen für die Errichtung von Labors und Kokainplantagen. Aber auch für das von der Regierung geförderte Ölpalmprojekt steht genügend Land bereit, das der einheimischen Bevölkerung gestohlen werden kann.

Wie schon erwähnt, werden im Chocó die Drogen entweder über den Atrato Fluss nach Turbo gebracht oder auch auf dem Landweg durch den Darien – ein Urwaldgebiet, das Panama von Kolumbien trennt – nach Panama transportiert. Neben dem südlich gelegenen Tumaco, ist Buenaventura der wichtigste Exporthafen an der Pazifikküste – eine Stadt, in der derzeit ein Bandenkrieg um die Vormachtstellung im Drogenhandel tobt. Auch an der Pazifikküste sind im Übrigen einige Dörfer, wie z.B. Bahia Solana, zu unverhofftem Reichtum gekommen, nachdem wertvolle Kokainpakete an den Strand gespült worden waren. Jede Menge Motorräder sowie neue Boote samt Motoren waren plötzlich im Ort zu sehen...

Von der Pazifikküste Kolumbiens ausgehend finden die Drogen ihren Weg nach Mittelamerika, insbesondere Mexiko, um dann letztendlich dem amerikanischen Markt zugeführt zu werde – insbesondere auf dieser Route werden in den letzten Jahren auch so genannte Narco-U-Boote eingesetzt. Selbige können zwar nicht tauchen, gleiten aber ohne Aufbau, mit einem mächtigen Rumpf ausgestattet, in welchem bis zu 10 Tonnen „heißer" Ware verstaut werden können, mit etwa 15km/h durch die Gewässer. Die größten Boote verfügen über eine Reichweite von bis zu 3000km. Zusätzlich heuert die Mafia lokale Fischer an, die einerseits als Beobachtungsposten eingesetzt werden und andererseits, im Bedarfsfall, mit Treibstoff aushelfen. Die flache Oberfläche dieser Gefährte ist in den

Farben des Ozeans bemalt, der Abgasrauch des Antriebs wird gefiltert, sodass keine Rauchschwaden sichtbar sind. Selbst aus der Luft sind diese Konstruktionen daher kaum auszunehmen. An Bord befindet sich eine kleine Crew, welche das Boot im Falle einer Kontrolle durch Fluten des Frachtraumes rasch versenkt. Im Falle einer Entdeckung ist die Beweisführung dadurch nahezu unmöglich. Kolumbien und die USA erließen daher Gesetze aufgrund derer das Fahren ohne registrierte Flagge sowie die Konstruktion und Inbetriebnahme von solchen Booten mit hohen Gefängnisstrafen geahndet werden.

Neben den Narco-U-Booten werden auch so genannte Narco-Torpedos verstärkt eingesetzt. Unauffällige Fischerboote transportieren einen am Schiffsrumpf mit Leinen befestigten, riesigen Torpedo in einer Tiefe von bis zu 30 Metern. Droht Gefahr in Form einer Kontrolle, werden die Leinen gekappt, eine getarnte Holzboje, die mit einem Sender bestückt ist, fährt aus und ermöglicht es so einem anderen Boot, die Ware wieder einzusammeln.

Ecuador, der südliche Nachbar Kolumbiens, ist ein Land, das ebenso wie Venezuela in Korruption zu versinken droht. Auch dieser, unter einer linksgerichteten Regierung stehende Staat, wird daher als Drogenparkplatz genützt, um einen ungehinderten Export Richtung Norden zu ermöglichen. Interessant in diesem Zusammenhang ist, dass sich der neue südamerikanische „Links-Sozialismus" durch besonders korrupte „Volksgenossen" (siehe auch Venezuela) auszuzeichnen scheint, die es der Drogenmafia leicht machen, ihre Strukturen zu errichten.

In Ecuador herrscht darüber hinaus zurzeit aber nicht nur ein wirtschaftliches Chaos – neben zahlreichen Drogenabhängigen säumen auch eine Vielzahl nigerianischer Einwanderer das Straßenbild von Quito...

Da Kolumbien nicht über jene Koka-Anbauflächen wie etwa Peru oder Bolivien verfügt, mussten schon die Kartelle der 1980er Jahre Kokainpaste aus diesen Ländern zukaufen, um sie dann erst in den kolumbianischen Labors aufbereiten zu lassen. Die durchlässige Südgrenze Kolumbiens sowie der Weg über den Pazifik bieten noch immer ideale Voraussetzungen, um den Rohstoff auch heute noch ins Land zu schleusen.

Während es für Heroin in Kolumbien kaum einen Markt gibt und die gesamte produzierte Menge exportiert wird, ist ein Teil des Kokains auch für den landesinternen Verkauf bestimmt. Dieser Markt wird von den örtlichen Banden kontrolliert, die zumeist mit den Paramilitärs (heute, paramilitärische Nachfolgeorganisationen) oder den Guerilla-Milizen zusammen arbeiten. Eigene Einkäufer aus den Städten werden dabei zu den Labors geschickt, um die Drogen zu kaufen. Für den Transport selbst werden oftmals Frauen oder Mädchen eingesetzt. Aufgrund der zahlreichen Straßenkontrollen ist diese Mission nicht ganz ungefährlich. Das Risiko lässt sich allerdings minimieren, wenn eine Bande direkt für die „Paras" arbeitet. Dann wird die Ware ausschließlich von einem Labor in einer von diesen Organisationen kontrollierten Region bezogen. In diesem Fall geht der Transport reibungslos vonstatten, weil die gesamte, den Weg säumende Exekutive bestochen ist. In Zeiten vor der Demobilisierung waren in Medellin nahezu alle Banden mit der AUC (den überregional vereinigten Paramilitärs) verbunden und kamen so relativ problemlos an die für den lokalen Markt bestimmten Drogen.

Gibt es nun eine Lösung, um den Drogenhandel in den Griff zu bekommen?

Bereits erwähnt wurde, dass die Exportmenge an Drogen trotz des „Plan-Colombia" und der in diesem Zusammenhang intensiven Bekämpfung des Drogenhandels nicht rückläufig ist. Dies hängt zum einen damit zusammen, dass die riesigen Plantagen der Paramilitärs von den Giftbesprühungsmissionen tunlichst verschont geblieben sind. Zum anderen wird man – egal welche Aktionen man auch setzt – ein so einträgliches Geschäft, wie jenes der Drogen, niemals zerstören können. Die Mafiosi – seien es die Guerilla, Paramilitärs oder Drogenbanden – werden immer wieder neue Wege finden, um ihr Produkt dem vorhandenen Markt in den USA und Europa zuzuführen. Unterstellt man den Politikern nicht pure Unwissenheit, so müsste dies auch ihnen längst bewusst geworden sein.

Ebenso klar ist aber auch, dass eine weltweite Legalisierung der Drogen als Lösungsansatz ausscheidet. Die Heraushebung aus der Illegalität scheitert jedenfalls aus wirtschaftlichen Beweggründen, weil durch die Legalisierung tausende Mitarbeiter diverser Organisationen (Drogenbekämpfungsbehörden, Geheimdienste) auf einen Schlag arbeitslos würden. So werden die leider auf verlorenem Posten stehenden staatlichen „Helden" auch weiterhin einen Kampf führen müssen, der letztendlich niemals gewonnen werden kann.

Da allerdings auch die Strategie der Aufklärung keine gänzlich drogenfreie Gesellschaft in den Abnehmerländern schaffen kann, weil der Mensch von Natur aus neugierig, schwach und suchend ist und daher – trotz bester Aufklärung – immer mit Drogen experimentieren wird, kann als derzeit realistischer „Lösungsansatz" nur die Aufrechterhaltung des „Status quo", d.h. der Versuch, eine Ausuferung zu verhindern, angeboten werden.

Eine Lösung der Problematik ist daher – mit anderen Worten ausgedrückt und so traurig das auch klingen mag – nicht möglich, da die „Bösen" den lukrativen Wirtschaftszweig des Drogenhandels niemals aufgeben werden und es sich die „Guten" aufgrund ihrer teuren, über Jahrzehnte hinweg erweiterten, staatlichen Bekämpfungsinstitutionen (allen voran jene der USA) gar nicht leisten können, die Drogenmafia durch eine Legalisierung ein für allemal zu zerstören. Da aber auch die Nachfrage nicht versiegen wird, weil der Mensch dazu neigt, nach Drogen zu verlangen, bleibt ein ewig dahinschwelender Konflikt, den die Staaten mit immer wieder neuen Strategien mehr oder weniger gut versuchen, in bestimmten Bahnen zu halten.

Die Situation in Mexiko

Die dauernden Verlagerungen der Aktivitäten und Änderungen der Strategien der Drogenmafia, die Staaten letztlich dazu zwingen, mit ihren Gegenaktionen stets hinterherzuhinken, zeigen sich auch am Beispiel Mexiko.

Mexiko verfügt aufgrund seiner langen Grenze zu den USA über eine für den Drogenhandel seit jeher strategisch wichtigen Lage. Kein mittelamerikanisches Land ist dem begehrten Endabnehmer von Drogen aller Art so nahe wie der Aztekenstaat. Daher hat auch das illegale Geschäft des Drogenschmuggels in Mexiko eine lange Tradition – seit den 1960er Jahren wird Marihuana bereits von den Vorgängern der heutigen Kartelle in die Vereinigten Staaten verfrachtet.

Der Aufstieg dieser Gruppierungen begann allerdings erst in den 1980er Jahren. Durch das verschärfte Vorgehen der amerikanischen Exekutive gegen den auswuchernden Drogenhandel in Florida waren die kolumbianischen Kartelle gezwungen, ihre Lieferrouten zu verlegen. Mexiko erschien dabei der ideale neue Partner. So war es vor allem Gonzalo Gacha, der die neuen Geschäftsmöglichkeiten für das Medellin-Kartell durch zahlreiche Reisen nach Mexiko zu erschließen begann. Gacha galt als ein großer Fan des Landes und war der mexikanischen Musik sehr zugetan, was ihm auch den Namen „El Mexicano" einbrachte.

Wichtiger als die mexikanische Musik waren allerdings die aus der Zeit des Marihuana-Schmuggels bestehenden Routen der Mexikaner. Das in den 1980er Jahren den Kokain-Handel dominierende Medellin Kartell kam daher relativ rasch mit den neuen Partnern ins Geschäft und setzte selbige zunächst ausschließlich für den Transport von Kokain in die USA ein. Dies begann sich allerdings zunehmend zu ändern. Die Mexikaner wollten nicht nur bloße Transporteure sein, sondern die Drogen auch selbst verteilen, um so ihre Gewinne erhöhen zu können. Der darauf folgende Deal mit den Kolumbianern kam zu Stande – die Mexikaner waren fortan berechtigt, einen Teil der gelieferten Drogen in eigener Regie zu verkaufen.

Damit war aber auch die Initialzündung für den Aufstieg der mexikanischen Mafia gesetzt. Die Kartelle wurden immer mächtiger und nachdem Anfang der 1990er Jahre die großen kolumbianischen Organisationen zerschlagen waren, hatten die Mexikaner bereits den gesamten Export in die USA übernommen. Die Kolumbianer waren fortan zu Zulieferern degradiert, die ihre Ware an die mexikanischen Kartelle verkaufen durften.

Neben der Kontrolle über die Routen war nun auch der Vertrieb der Droge in den USA bestens organisiert. Mexiko verfügt in den meisten amerikanischen Städten über riesige Kolonien, in denen sich zahlreiche Kontaktpersonen der mexikanischen Kartelle befinden. Darüber hinaus pflegen die Mutterkartelle gute Geschäftsverbindungen zu verschiedensten amerikanischen Gangs.

Was nun in den 1990er Jahren folgen sollte, war allerdings nicht mehr, als eine logische Folge der neu geschaffenen Machtverteilung. Wenig überraschend, begannen daher die mexikanischen Kartelle einander und untereinander zu bekämpfen, um ihren Einfluss zu erhöhen. Die Wurzel der später folgenden Gewalteskalation ist somit in dieser Zeit zu sehen, in der sich der Staat eher passiv verhielt und die Kartelle einfach gewähren ließ – die Parallele zur Situation in Kolumbien ist im Übrigen dabei unübersehbar. Auch in Mexiko war die Politik samt Exekutive bestochen und agierte im Interesse derjenigen Organisation, die die besten Schmiergelder bezahlte. Ebenso wie in Kolumbien hat der mexikanische Staat daher aufgrund seiner korrupten Staatsdiener den Zeitpunkt, zu dem eine Verhinderung der Ausuferung der Situation noch möglich gewesen wäre, schlichtweg versäumt.

Mafiöse Strukturen gedeihen eben dort am besten, wo Staatsdiener schlecht entlohnt sind, ein traditioneller, kulturell gewachsener Hang zur Korruption besteht und die staatlichen Aufsichtsorgane aufgrund der schwachen Staatsstruktur insgesamt nicht funktionieren!

Als sich der mexikanische Staat schließlich doch dazu entschloss, etwas zu unternehmen, konnte die Situation nicht mehr verbessert werden – ganz im Gegenteil. Auf die gelegentlich durchgeführten Verhaftungen von Mitgliedern eines Kartells, welche nicht selten durch ein konkurrierendes Kartell initiiert worden waren, begannen sich zerschlagene Gruppierungen mit dem Ergebnis zu zersplittern, dass die Gewalt durch die nachfolgend neuen Routenkämpfe weiter erhöht wurde.

Abgesehen von den Kämpfen um die Exportrouten war in Mexiko, ebenso wie auch in Kolumbien, die Aufteilung des internen Drogenmarktes als Auslöser für die Gewalteskalation zu sehen. Quer über das Land finden sich tausende so genannte „Narcotienditas", kleine Geschäfte, wo man Drogen kaufen kann. Diese Geschäfte setzen Millionenbeträge um und bieten der Mafia einerseits die Möglichkeit, ihre Ware komprimierter zu verkaufen und schaffen andererseits der Bevölkerung in den armen Stadtteilen eine Einnahmequelle. Auch die Polizei profitiert von dem illegalen Geschäftszweig, indem sie mit Schmiergeldern zum Wegschauen gebracht wird.

Als im Jahre 2006 mit Felipe Calderón ein neuer mexikanischer Präsident gewählt wurde, begann sich die Lage nochmals zu verschärfen. Der Präsident startete eine militärische Offensive gegen die Drogenkartelle und ließ in seinem Vorgehen Parallelen zu seinem kolumbianischen Amtskollegen Uribe erkennen, wobei dieser allerdings seinen Kampf ausschließlich auf die Guerilla konzentrierte.

Das durch Calderón initiierte verschärfte Einschreiten der Exekutive löste in der Folge den mexikanischen Drogenkrieg aus, der bis zum Jahre 2009 tausende Tote mit sich bringen sollte. Ähnlich wie der „Plan Colombia", mit dem die Amerikaner Kolumbien finanziell und militärisch unterstützen, um gegen den Drogenhandel (besser gesagt gegen die Guerilla) vorzugehen, brachte die so genannte „Mérida-Initiative" nun auch für Mexiko die nötige Unterstützung der USA in Milliardenhöhe.

Während die Amerikaner im Rahmen dieser Initiative das mexikanische Militär und die Exekutive waffentechnisch aufzurüsten begannen, bezogen allerdings auch die Kartelle ihr Kriegsmaterial aus den USA. Über Strohmänner werden auch heute noch die Waffen in den USA völlig legal an Verbindungspersonen der Kartelle verkauft und außer Landes geschmuggelt – ein doppeltes Geschäft für die amerikanische Waffenindustrie, die sich nach wie vor vehement gegen ein Verbot des freien Waffenverkaufs stellt.

Obwohl die USA nun einen Krieg vor ihrer Haustüre haben, ist anscheinend noch immer nicht der Zeitpunkt zum Umdenken gekommen. Die mächtigen Waffenlobbyisten geben noch immer den Ton an und degradieren die Präsidenten ihres Landes zu bloßen Marionetten. Anstatt im eigenen Land zu versuchen, den Drogenmarkt durch Ausstiegsprogramme und Aufklärung zumindest zu verkleinern, beteiligt sich die Weltpolizei unter moralischen Vorwänden an diversen Kriegen, bzw. initiiert selbige selbst, um den wahren Bossen ihres Landes – den Waffenkonzernen – zu größeren Einnahmen zu verhelfen.

Betrachtet man nun die mexikanischen Drogenkartelle, erkennt man genauso wie in Kolumbien die Schnelllebigkeit, durch die das Drogenbusiness heutzutage gekennzeichnet ist. Frisch eingegangene Allianzen zerfallen genauso rasch wie sie geschlossen wurden, wodurch aus dem Verbündeten von heute schon morgen ein erbitterter Feind werden kann.

Der mexikanische Staat, der seit dem Jahre 2006 scharf gegen die Kartelle vorgeht und bereits zahlreiche Drogenbosse an die USA ausgeliefert hat, verfügt zwar über jede Menge guter Absichten, die jedoch allesamt von der Realität torpediert werden. Wird ein Drogenboss verhaftet, zerfällt dessen Organisation zumeist in diverse Splittergruppen, was stets eine Neuaufteilung der Reviere und Routen zur Folge hat. In den seltensten Fällen gehen diese Prozesse friedlich vonstatten. Wie Hyänen versuchen die Mitstreiter im Falle der Schwächung einer Organisation, in deren Reviere einzudringen.

So hat auch der Drogenkrieg in Mexiko, ebenso wie in Kolumbien, eine Dimension erreicht, wo der Staat nur mehr Schadensbegrenzung ausüben kann und so zumindest die Gewalt auf ein akzeptables Maß gesenkt wird. Das profitable Drogengeschäft wird man daher auch in Mexiko nicht beenden können, solange es einen Abnehmermarkt gibt. Länder wie Mexiko, bzw. Kolumbien, die über eine jahrzehntelang angewachsene, mafiöse Tradition und Durchsetzung der Gesellschaft und Politik verfügen, werden daher mit dem Problem der organisierten Kriminalität leben müssen, solange die Gesellschaft in den USA und Europa nach Drogen verlangt und die Mafiastaaten nicht endlich ihre Korruption durch die Schaffung einer neuen politischen Generation in den Griff bekommen.

Dass der Drogenkrieg in Mexiko ein solches Ausmaß angenommen hat, resultiert nämlich, wie bereits erwähnt, ausschließlich aus der Nachlässigkeit der korrupten Exekutive zum Zeitpunkt des Aufstieges der Kartelle in den 1990er Jahren. Wäre es im Interesse des mexikanischen Staates gewesen, bzw. wäre er in der Lage gewesen, früher einzuschreiten, hätte zumindest die zurzeit herrschende Eskalation der Situation vermieden werden können.

Mexiko kann daher heute als das Kolumbien der 1980er und 90er Jahre gesehen werden. Auch in Kolumbien hatte damals der korrupte Staat mit seinen bestochenen Politikern und Exekutivorganen eine sofortige Bekämpfung der aufkommenden Kartelle unmöglich gemacht. Erst als diese über einen enormen Einflussbereich verfügten, änderten die einst politischen Förderer und Verbündeten ihre Richtung und begannen zum Schlachtruf aufzurufen. Die Entwicklungen, die darauf folgten, wiederholen sich jetzt offensichtlich auch in Mexiko.

Die im Folgenden kurz dargestellten mexikanischen Kartelle können lediglich einen Überblick über die komplizierten, schnell wechselnden Allianzen, die zwischen den einzelnen Organisationen bestehen, geben.

Das *Sinaloa-Kartell* entwuchs – wie die meisten mexikanischen Organisationen von heute - einer Bande, die zunächst auf den Schmuggel mit Marihuana spezialisiert war. Mit dem Einstieg in den Kokainhandel erlebte das Kartell allmählich einen Aufschwung und wurde in den 1990er

Jahren zu einer der mächtigsten Organisationen des Landes. An der Spitze steht seither Joaquín Guzmán Loera, der zwar 1993 verhaftet wurde, allerdings unter der Mithilfe bestochener Wärter, im Jahre 2001 in einem Wäschetransporter aus einem Hochsicherheitsgefängnis fliehen konnte. Nach Auseinandersetzungen mit dem Golf-Kartell agieren die beiden ehemaligen Feinde heute gemeinsam mit der so genannten „*La Familia*" gegen die restlichen Organisationen im Land.

Auch das *Golf-Kartell* erlebte seinen Aufschwung mit dem Einstieg in das Kokaingeschäft in den 1980er Jahren. Die ersten Jahre des neuen Jahrtausends waren geprägt von einer kurzen Zusammenarbeit mit dem Tijuana-Kartell, um so gestärkt gegen das Sinaloa-Kartell vorgehen zu können. Diese Allianz hielt jedoch nicht lange. Das Golf-Kartell war es auch, das erstmals eine narco-paramillitärische Truppe, die so genannten „Los Zetas", ins Leben rief, die zunächst für ihren Gründer kämpfte, sich aber zunehmend verselbständigte und nun auf eigene Rechnung tätig ist. Heute agiert das Golf-Kartell gemeinsam mit dem Sinaloa-Kartell und der „La Familia".

Das *Tijuana-Kartell* konnte in den 1990er Jahren Gebiete vom geschwächten Juarez-Kartell übernehmen und so seinen Machteinfluss in Bezug auf die Kontrolle der Drogenrouten vergrößern. Im Jahre 2008 folgte eine heftige Auseinandersetzung mit dem Sinaloa-Kartell. Das Tijuana-Kartell hatte sich dafür mit dem Golf-Kartell verbunden.

Das von fünf Brüdern gegründete *Beltrán-Leyva-Kartell* agierte zunächst in Kooperation mit dem Sinaloa-Kartell, ehe sich das Blatt wendete und die beiden Organisationen zu Feinden wurden. Das Beltrán-Leyva Kartell steht heute in Kooperation mit dem Juárez-Kartell und den „Los Zetas" gegenüber einer Dreierallianz, die aus dem Golf-Kartell, dem Sinaloa-Kartell und der „La Familia" besteht.

Das *Juárez-Kartell* war bis Ende der 1990er Jahre eine mächtige Organisation, die jedoch mit dem Tod ihres damaligen Capos zunehmend in Schwierigkeiten geriet. Nach unterschiedlichen Allianzen schlossen sich im Jahre 2001 zahlreiche Mitglieder des Juárez-Kartells dem Sinaloa-Kartell an. Wenig später gerieten jedoch auch diese beiden Organisationen miteinander in Konflikt. Ein heftiger Krieg folgte, aus dem das Sinaloa-Kartell zum heutigen Zeitpunkt siegreich hervorgegangen sein dürfte.

Die *„Los Zetas"* sind eine narco-paramilitärische Einheit, die vom Golf-Kartell gegründet worden war, um gegen das damals verfeindete Sinaloa-Kartell vorzugehen. Die Mitglieder dieser Einheit rekrutierten sich aus abtrünnigen Exekutivbeamten und Militärs der mexikanischen Armee, die vielfach ihre Spezialausbildung in den USA erhalten hatten. Darüber hinaus finden sich in der Truppe auch ehemalige Militärs aus Guatemala. Seit dem Jahre 2003 begannen sich die „Los Zetas" zunehmend vom Golf-Kartell abzusondern, um eine selbständige Organisation zu bilden. Das Verhältnis zwischen den beiden Gruppierungen wurde in der Folge immer gespannter. Heute kämpfen die „Los Zetas" an der Seite des Beltrán-Leyva-Kartells und Juárez-Kartell gegen ihren ehemaligen Arbeitgeber.

Ebenso wie die „Los Zetas" war die *La Familia* eine narcoparamilitärische Einheit des Golf-Kartells, ehe sie sich von diesem im Jahr 2006 abspaltete und zu einer selbständigen Organisation wurde. „Die Familie" misst der Religion einen großen Stellenwert zu und tötet in diesem Zusammenhang nur diejenigen, die es auch tatsächlich „verdient" haben zu sterben – Kinder und andere Unbeteiligte sollen hingegen verschont bleiben. Heute steht „die Familie" in Verbindung mit dem Sinaloa-Kartell und dem Golf-Kartell.

Die *„Los Negros"* wurden ursprünglich als Gegengewicht zu den *„Los Zetas"* vom Sinaloa-Kartell ins Leben gerufen. Im Gegensatz zu den militärisch geschulten „Los Zetas" setzten sich die „Los Negros" aus unterschiedlichen Streetgang-Mitgliedern zusammen. Heute stehen sie in einer Allianz mit dem Beltrán-Leyva-Kartell und den „Los Zetas".

Kolumbien und Israel

Wie auch das Beispiel Mexiko zeigt, ist der Drogenhandel ein internationales Geschäft, bei dem kriminelle Organisationen unterschiedlicher Länder kooperieren.

Eine etwas subtilere Art der Zusammenarbeit auf diesem Gebiet wird darüber hinaus von diversen Regierungen gepflegt, die auf diese Weise ebenfalls am lukrativen Geschäft mit Waffen und Drogen, wenn auch sehr diskret, teilnehmen. So ist auch das Krisengebiet Kolumbien seit jeher eine Spielwiese für andere Staaten, die versuchen, durch diverse Aktionen, ihren „Schnitt" zu machen. Ein in dieser Hinsicht gewinnorientiertes Land ist Israel.

Der politische Einfluss dieses kleinen Staates auf die mittel- und südamerikanischen Länder ist enorm. Israel, der kleine Bruder der Vereinigten Staaten, unterstützte seit jeher die extrem rechten Regime des lateinamerikanischen Kontinents mit Waffenlieferungen und speziellen Trainings für interessierte Kämpfer.

Das von den Amerikanern militärisch hochgerüstete Land verfügt neben modernstem Kriegsgerät auch über einen der besten Geheimdienste der Welt – den Mossad. Das israelische Engagement in Lateinamerika lässt sich dabei relativ einfach erklären. Die USA konnten es oftmals politisch nicht verantworten, die rechten Regime selbst zu unterstützen, um gegen die schon seit Ende des Zweiten Weltkrieges bestehende Angst vor kommunistischer Machtausweitung vorzugehen. Dieses lukrative „Geschäft" der Bekämpfung linker Strömungen wurde daher gelegentlich den Israelis übertragen, die sich mit der Übernahme dieser Aufträge gleichzeitig das amerikanische Wohlwollen erhalten konnten. Neben diesen Hilfsdiensten spielten aber auch rein ökonomische Überlegungen eine Rolle für Israels Lateinamerikapolitik.

So war es nicht verwunderlich, dass bereits in den 1980er Jahren die ersten israelischen Söldner vom Medellin-Kartell angeheuert wurden, um den unqualifizierten „Sicarios" der Capos die hohe Kampfeskunst beizubringen. Ein Name, der in dieser Zeit immer wieder auftauchte, war jener von *Yair Klein*. Der ehemalige israelische Offizier hatte eine eigene Söldnerfirma (Spearhead Ltd.), die er nicht nur dazu nutzte, um aus einfachen kolumbianischen Bauern skrupellose Kampfmaschinen zu formen, sondern auch um Waffengeschäfte im großen Stil abzuwickeln. Sowohl Gonzalo Gacha als auch Pablo Escobar schätzten Kleins Wissen und Kontakte und schickten daher ihre fähigsten Killer nach Israel, um dort ihr Abschlusstraining zu absolvieren.

Doch beschränkte sich Klein nicht nur auf die Ausbildung von „Sicarios". Ende der 1980er Jahre fädelte der ehemalige Militär einen Waffendeal mit Gonzalo Gacha ein, der über eine israelische Bank in New York gesponsert worden sein soll. Das von Gacha erworbene Kriegsgerät wurde nach dessen Ermordung auf einem seiner Grundstücke entdeckt. Als Ursprungsland der Lieferung (Gallil-Sturmgewehre und Uzi-Maschinenpistolen) konnte Israel eruiert werden, das den Import nach Kolumbien auch zugab. Allerdings waren laut israelischer Stellungnahme nicht die Drogenkartelle der Adressat gewesen, sondern kolumbianische Rancher, die neu ausgerüstet werden sollten.

Israel distanzierte sich in der Folge halbherzig von Klein und verurteilte ihn im Jahr 1991 wegen dieses Schmuggels zu einer Geldstrafe in der Höhe von 13.000 US-Dollar. Spätestens dann war klar, dass es sich bei dem Israeli und seinen Gefolgsleuten keineswegs um gewöhnliche, in Eigenregie agierende Söldner handelte. Ohne eine entsprechende Unterstützung aus Regierungskreisen war es nämlich de facto unmöglich, solche Projekte realisieren zu können.

Von den weltweit insgesamt um die 100 existierenden Söldnerfirmen haben etwa 20% ihren Sitz in den USA – an die 40 Unternehmen sind direkt mit dem Mossad verknüpft. Eine solche israelische Firma mit dem Namen GIRSA befand sich in Guatemala. Dieses Unternehmen kam ins Rampenlicht, als im Jahr 2001 eine für die kolumbianischen Paramilitärs bestimmte Waffenlieferung des Unternehmens in die kolumbianische Hafenstadt Turbo aufflog. Die Kriegsware hatte dabei ihren Weg nach Kolumbien auf einem Schiff der Firma Chiquita gefunden...

Die amerikanische Firma Chiquita war es im Übrigen, die in der Zeit von 1997 bis 2004 die kolumbianischen Paramilitärs auch finanziell unterstützte – halboffiziell, um die Todesschwadronen zum Schutz vor Attacken der Guerilla einzusetzen, inoffiziell, um keine gewerkschaftlichen Gedanken in dem auf maximalen Gewinn ausgerichteten Unternehmen aufkommen zu lassen.

Dass Israel die Paramilitärs bereits in deren Gründungsphase unterstützte, ist in Kolumbien kein Geheimnis. Die späteren Bosse Fidel und Carlos Castaño sowie Salvatore Mancuso waren alle im Heiligen Land zu Gast und absolvierten Intensivkurse im Fach „Terrorismusbekämpfung". Das so erlangte Wissen vermittelten die Bosse an ihre Kämpfer, so dass letztendlich die paramilitärische Vereinigung AUC und deren Folterungen und Morde zur Gänze die militärische Handschrift der Israelis trugen.

Ebenso wie der amerikanische Agent Barry Seal hatte damit auch Yair Klein kaum etwas zu befürchten, solange er gute Geschäfte brachte. Sowohl der Mossad, als auch die CIA beschützten ihn und verhinderten bis jetzt seine Auslieferung nach Kolumbien, wo ihn ein kolumbianisches Gericht im Jahr 2001 aufgrund seiner Aktivitäten in Abwesenheit zu einer Freiheitsstrafe von 10 Jahren und 8 Monaten verurteilt hatte.

Im Jahr 2007 wurde der Waffenhändler schließlich in Moskau verhaftet und versucht seither seine Abschiebung nach Kolumbien zu verhindern. Ob die Geheimdienste Klein weiterhin schützen oder sich dazu entschließen werden, ihn fallen zu lassen, bleibt dabei abzuwarten.

Kolumbien und die USA

Auch für die politisch-ökonomische Zielsetzung der USA ist Kolumbien von großer Bedeutung, da es zum einen strategisch gut gelegen ist – es verfügt über Zugänge zu zwei Ozeanen (Pazifik und Atlantik) – und es zum anderen mit seiner derzeitigen konservativen Regierung eine Pufferzone zu den linksgerichteten Regierungen der Nachbarländer, insbesondere zu Venezuela und Ecuador, darstellt. Der wohl wichtigste Grund für das amerikanische Interesse an Kolumbien sind jedoch ökonomische Überlegungen, allen voran die Ausbeutung der vorhandenen Ölreserven. Die USA beziehen schon jetzt mehr Öl aus Kolumbien als aus dem gesamten mittleren Osten!

Der Weg dorthin war allerdings nicht ganz einfach: Es mussten zunächst einige Probleme bewältigt werden, um das schwarze Gold sicher außer Landes bringen zu können. So gingen in den Jahren 1986 bis 1997 in etwa 80 Millionen Barrel Rohöl durch Pipeline-Attacken der Guerilla verloren. Die mächtige amerikanische Öllobby drängte daher zunehmend auf die Beseitigung dieser Schwierigkeiten.

Noch in der Clinton-Ära des Jahres 1999 wurde daher ein Paket geschnürt, das Kolumbien Milliarden-Dollar Beträge zusicherte. Unter den honorigen Absichten wie Umweltschutz, Schutz der Menschenrechte und Bekämpfung des Drogenhandels wurden auch europäische und asiatische Staaten als Geldgeber in das „Hilfsprogramm" mit dem klingenden Namen „Plan Colombia" miteinbezogen. Schon bald war allerdings klar, was der eigentliche Grund des Deals sein sollte.

So waren es de facto nicht der Umweltschutz und die Menschenrechte, die den als Hilfsprojekt getarnten „Plan Colombia" ins Leben gerufen hatten, sondern die Bekämpfung der für die Ölausbeutung hinderlichen Guerilla. Dies passte im Übrigen bestens zur amerikanischen Weltanschauung und der schon traditionellen Angst vor Kommunismus und Terrorismus. Darüber hinaus führten die für den Kampf notwendigen Waffen- und Chemielieferungen zur Ankurbelung der amerikanischen Wirtschaft, was die wahren Absichten der USA jetzt in einem völlig neuen Licht erscheinen lässt.

Die amerikanische Regierung stellte in der Folge den Großteil der Gelder bereit und verpflichtete im Gegenzug Kolumbien zum Kauf modernster Militärgeräte. Diese high-tech Waffen sollten den gewünschten Erfolg gegen die linken Rebellen bringen, mussten jedoch zuerst den Kolumbianern in ihrer Funktion erklärt werden. Militärbasen auf kolumbianischem Staatsgebiet wurden daher zu Schulungszwecken errichtet, wobei natürlich auch die Beobachtung der für die USA politisch nicht einschätzbaren kolumbianischen Nachbarstaaten Venezuela und Ecuador dabei eine Rolle spielte. Zu all dem erhielten kolumbianische Militärs zusätzlich eine umfassende militärische Ausbildung in den USA (Fort Benning). Kolumbien war somit am besten Weg, eine neue „amerikanische Kolonie" zu werden.

George W. Bush, der zwar offiziell Drogen als eine Gefahr für Amerika ansah, dessen persönliches Verhältnis aber zu selbigen allerdings nicht immer so klar war und Álvaro Uribe waren sich daher auch rasch einig, den Kampf gegen den Drogenhandel, der sich im Wesentlichen mit jenem gegen die Guerilla decken sollte, zu eröffnen. Damit waren die Weichen gestellt und die Geschäftemacherei unter dem Deckmantel des moralischen Ziels, die Welt drogen- und terrorfrei machen zu wollen, konnte beginnen.

Neben der Ankurbelung der amerikanischen Waffenindustrie profitieren auch die amerikanischen Chemiekonzerne vom „Plan-Colombia". Amerikanische Agrarfirmen, wie Monsanto, die noch immer enormen Einfluss auf die amerikanische Regierung haben, konnten mit dem Verkauf ihrer Produkte zur Zerstörung des Koka-Strauches – viele dieser Chemikalien dürfen in den USA aufgrund ihrer gesundheitsgefährdenden Wirkung nicht eingesetzt werden – einen Milliardendeal landen. Über dieses Geschäft dürfte sich auch der damalige Verteidigungsminister Donald Rumsfield gefreut haben, der vor seiner Regierungstätigkeit im Vorstand einer von Monsanto erworbenen Firma tätig war.

Die zwielichtige Firma Monsanto ist im Übrigen ständig danach bestrebt, genetisch veränderte Produkte auf den Markt zu bringen. Die neueste Erfindung des Unternehmens ist ein genmanipulierter Pilz, der die Pflanzenwurzeln befällt und zerstört. Sollte dieses Produkt tatsächlich in Kolumbien eingesetzt werden, wäre das dortige Ökosystem noch stärker gefährdet, als es durch die herkömmliche Besprühung ohnehin schon ist, weil sich dieser Pilz rasend schnell ausbreitet und so zu einer völlig unkontrollierbaren Gefahr für die Natur werden könnte. Damit würde Kolumbien wohl endgültig zu einem Versuchslabor für amerikanische Chemieriesen werden.

Nachdem der Chemie-Milliardendeal unter Dach und Fach war, konnte man mit dem Besprühen der Koka-Felder beginnen, um den ungeliebten Strauch zu vernichten. Dafür war jedoch ein weiterer multinationaler Konzern von Nöten. DynCorp, eine undurchsichtige, weltweit in Krisengebieten tätige Firma, mit besten Kontakten zum Pentagon kam daher – wenig überraschend – ins Geschäft.

Offiziell handelt es sich hierbei um ein Unternehmen, das mit Besprühungsmissionen und Trainingschulungen beauftragt wurde. Kritische Stimmen behaupten allerdings, DynCorp sei eine Söldnerfirma, die von den USA auch an der Front im Kampf gegen die Guerilla eingesetzt wird, um so die amerikanische Regierung nicht in Verbindung mit Kriegshandlungen zu bringen.

Faktum ist, dass die Besprühungen der Koka-Felder mit den hochgiftigen Substanzen auch von amerikanischen Piloten selbiger Firma durchgeführt wurden, nachdem paramilitärische Truppen den Boden von rebellischen Bauern „gesäubert" hatten, die sich gegen die Zerstörung ihrer Felder zu wehren versuchten. Dass auf diesen Besprühungsmissionen nur die Felder der kleinen Bauern vernichtet wurden, während die Großplantagen der Paramilitärs tunlichst verschont blieben, sei nur am Rande erwähnt.

DynCorp repräsentiert somit ein völlig neues Modell amerikanischer Kriegsführung. Dabei werden kritische Bereiche von der amerikanischen Regierung einfach ausgelagert und auf Privatfirmen übertragen, die – wie einst die Piraten der Meere – im Auftrag des Staates Verbrechen begehen können. Neben der schon erwähnten „Sauberhaltung" der Regierung ist ein solches System der Ausgliederung im Übrigen wesentlich billiger als ein offizielles staatliches Einschreiten.

Sieht man sich jedoch das Ergebnis dieser „Strategie", den Drogenhandel zu bekämpfen, an, so stellt man fest, dass bis auf die Umweltzerstörung und die gefüllten Taschen der Beteiligten keine Veränderungen eingetreten sind. Es wird genauso viel Kokain produziert wie vorher und die Summe der Anbauflächen hat sich sogar vergrößert!

Der internationale Drogenhandel ist damit längst zu einem „notwendigen" Wirtschaftszweig geworden, ohne dessen Existenz ganze Industrien um einen Großteil ihrer Profite „umfallen" würden. So verdienen vor allem Chemiekonzerne und Waffenhersteller Milliardenbeträge in dem schmutzigen Geschäft.

Neben dem Profit, den der Drogenhandel den genannten Konzernen einbringt, müssen allerdings auf der anderen Seite die Geheimdienste und Drogenbekämpfungsbehörden (z.B. DEA, Drug Enforcement Administration) von den Regierungen hoch subventioniert werden. Wie bereits oben erwähnt, erübrigt es sich, eine von vielen Autoren geforderte Legalisierung der Drogen als Lösungsansatz für den Drogenkonflikt weiter zu verfolgen. Hebt man nämlich die Drogen aus ihrer Illegalität, wäre nicht nur ein Großteil der Schlüsselindustrie angeschlagen, sondern würde auch eine große Anzahl der Geheimdienstmitarbeiter ohne Job dastehen. Ein Szenario, das sich vor allem die USA auf keinen Fall leisten können und im Übrigen auch gar nicht anstreben, da es letztendlich Organisationen wie die CIA und DEA sind, welche die begehrten Interventionen auf fremdem Staatsgebiet möglich machen.

Ein weiteres, den modernen Kolonialismus der USA einmal mehr aufzeigendes Programm des „Plan Colombia" ist die neben dem Waffen- und Chemiegeschäft bestehende Subventionierung des Ölpalmprojekts. Hunderttausende Dollar Fördergelder werden an kolumbianische Gesellschaften ausbezahlt, wenn diese auf ihren Ländereien Ölpalmen pflanzen, um den USA eine alternative Energiequelle zu besorgen. Nahezu alle diese Gesellschaften sind in den Händen der Paramilitärs, bzw. kolumbianischer Politiker. Der Grund und Boden, der für diese riesigen Plantagen notwendig ist, wird, wie die für den Koka-Anbau notwendigen Ländereien, den Bauern gestohlen. Im besten Fall werden die Landbewohner vertrieben, im schlechtesten Fall müssen sie etwaigen Widerstand mit ihrem Leben bezahlen. Um diese Machenschaften zu verschleiern, werden häufig „Testaferros" (Strohmänner) als Grundstückseigentümer eingesetzt. Die Plantagen eignen sich damit auch hervorragend für die Geldwäsche. Koordiniert wurde diese neue Geldquelle von Álvaro Uribe höchstpersönlich, der sich lautstark für einen Ausbau dieser alternativen Energiegewinnung einsetzte.

Und wie stellt sich die Arbeit jener Mitarbeiter der amerikanischen Organisationen dar, die in Kolumbien zur Umsetzung des „Plan Colombia" tätig sind?

Selbstverständlich sind auch die Amerikaner selbst nicht davor gefeit, mit dem Virus des schnellen Geldes infiziert zu werden.

So tauchten immer wieder Fälle von Schmiergeldzahlungen an DEA-Agenten in Bogotá auf sowie kamen Beteiligungen derselben an Geldwäscheprojekten ans Tageslicht. Informanten, die gegen schwarze Schafe in der „Drogenbekämpfungsbehörde" aussagen wollten, wurden ermordet. Aber auch Fälle von amerikanischen Soldaten, die aktiv in den Drogenhandel involviert waren und sich auf Festen ganz im Stile der Vorbilder aus dem Medellin-Kartell mit Minderjährigen vergnügten, sickerten immer wieder an die Öffentlichkeit. Die zuständigen Aufsichtsbehörden reagierten jedoch auf keinen dieser Vorfälle – ganz im Gegenteil – die Übeltäter wurden auch noch gedeckt.

So wird die Drogenbekämpfung der USA letztendlich zur Farce, wenn korrupte Agenten vor Ort als Teil der Mafia agieren. Die kolumbianische

Drogenmafia, die ihre Strategie auf Bestechung aufbaut, hat offensichtlich auch mit den Amerikanern ein leichtes Spiel, weshalb der Handel im großen Stil auch munter weiter geht.

Es bleibt abzuwarten, wie Barack Obama, der Präsident, der aufgrund mangelnder Unterstützung durch die amerikanische Elite ein Autoritätsproblem hat, das Projekt Kolumbien weiter führt. Er hat bereits vorsichtig eine Mittelkürzung und somit „Kolumbianisierung" des „Plan-Colombia" angedacht. Ob er sich mit dieser Ansicht gegen die mächtige Waffen- und Chemieindustrie durchsetzen können wird, ist allerdings mehr als fraglich.

Kolumbien und Venezuela – eine geschichtlich gewachsene Feindschaft

Geschichtlich betrachtet verfügen Kolumbien (zunächst gemeinsam mit dem heutigen Panama), Venezuela und Ecuador über ein gemeinsames Gründungsdatum. So brachte das Jahr 1830 für alle drei Staaten, die davor in einem „Großkolumbien" vereint waren, die Selbständigkeit. Damit waren Kolumbien und Venezuela fortan durch eine über 2000km lange Grenze voneinander getrennt, die größtenteils durch undurchdringliches Gebiet verläuft und somit schon seit jeher zum Schmuggel verleitete. Nach und nach entstanden entlang dieser neu geschaffenen Grenze daher wahre Schmuggelhochburgen, wie etwa Cúcuta oder Macao – beides Städte, die schon bald in den Händen mafiöser Organisationen waren, die den illegalen Handel mit Drogen, Waffen, Benzin, Fahrzeugen und sonstigen Gütern auch heute noch kontrollieren. Aufgrund seiner schon mehrmals erwähnten strukturellen Schwäche hatte der kolumbianische Staat diesem Treiben allerdings zunächst nichts entgegenzusetzen.

In den 1980er Jahren, der Zeit des Drogenkrieges, strömten viele Kolumbianer nach Venezuela, um dort ihre Lebenssituation zu verbessern. So konnte vor allem der geschäftstüchtige „Paisa", der vor den Kriegswirren in Medellin flüchtete, in dem Nachbarstaat rasch Fuß fassen. Gut gehende Geschäfte – seien es ein Restaurant oder eine Bäckerei – wurden rasch kopiert und die Ware zu niedrigeren Preisen angeboten. Der eher lasche Venezolaner hatte diesem unternehmerischen Geschick nur wenig entgegenzusetzen.

Neben diesen so entstandenen, auf Neid beruhenden, Animositäten kam es aber auch immer wieder zu diplomatischen Krisen zwischen den beiden Nachbarstaaten, als die beiden Armeen auf dem Gebiet des jeweils anderen Einsätze tätigten, um die wechselseitig vorgeworfene Kriminalität zu bekämpfen. Diese Probleme verschärften sich weiter, als paramilitärische Verbände und vor allem die Guerilla, Venezuela als Rückzugsgebiet zu nutzen begannen.

Trotz aller Feindseligkeiten herrscht hingegen auf der Ebene des Drogenschmuggels bestes Einverständnis zwischen den beiden Staaten. Die den Drogenhandel gewähren lassende Politik von Hugo Chávez sowie die korrupten venezolanischen Grenzbeamten in Kooperation mit ihren kolumbianischen Kollegen ließen Venezuela zur Freude der kolumbianischen Mafiosi zum wichtigsten Drogenparkplatz Südamerikas werden.

Die nachbarschaftlichen Auseinandersetzungen wurden aber auch von den Präsidenten der beiden Staaten bewusst geschürt, um von den eigentlichen Problemen ihrer Länder abzulenken. Im Gleichklang versuchten der Rechtspopulist Uribe und der Linkspopulist Chávez ihre Bevölkerung für ihre machtpolitischen Spielchen zu missbrauchen. So wurde Chávez verdächtigt, an einem Mordkomplott gegen Uribe beteiligt gewesen zu sein. Die FARC sollte in Kooperation mit der spanischen ETA den kolumbianischen Präsidenten eliminieren. Auf der anderen Seite waren Gerüchte im Umlauf, dass der kolumbianische Präsident unter Mithilfe der Bush-Regierung sowie paramilitärischer Verbände, die von venezolanischen Großgrundbesitzern gesponsert waren, hinter einem geplanten Attentat auf seinen venezolanischen Amtskollegen gestanden haben soll.

Tatsache ist, dass beide Streithähne Naheverhältnisse zu kriminellen Organisationen haben. So verfügt Chávez über Verbindungen zur FARC, die er Berichten zufolge auch finanziell unterstützen soll, während Uribe seine Karriere den Paramilitärs verdankt.

Beide versuchten aber auch, in Verhandlungen mit der FARC-Guerilla die Befreiung von Geiseln zu ermöglichen, um sich auf diese Art politisch zu beweihräuchern und ihre Umfragewerte zu verbessern. Feierte Chávez einen Erfolg, musste Uribe nachziehen. Während sich Chávez auf Vermittlungsgespräche beschränkte und seine guten Verbindungen zu den Guerilleros spielen ließ, zog Uribe den Weg der spektakulären Aktionen vor – so geschehen bei der medienwirksamen Befreiung von Ingrid Betancour, die jedoch im Übrigen ganz nach einem abgekarteten Spiel ausgesehen hat, in dem eine Lösegeldzahlung erfolgt ist.

Dort, wo Feindseligkeiten und vor allem Öl vorhanden sind, dürfen allerdings auch die Amerikaner nicht fehlen. Als Chávez im Jahr 1998 an die Macht kam, wurde Venezuela plötzlich zu einem potentiellen Problem – der linke Präsident schien kein verlässlicher Partner im Ölgeschäft zu sein. Damit mussten sich die Amerikaner anderwärtig orientieren und begannen daher, ihre Aufmerksamkeit verstärkt auf Kolumbien zu lenken. Kurz nachdem Chávez im Jahr 1999 zum Präsident gewählt worden war, wurde der „Plan Colombia" ins Leben gerufen – einerseits, um die amerikanische Waffenindustrie anzukurbeln und andererseits das „Guerilla-verseuchte" Land zu einem sicheren Öllieferanten für den US-Markt zu machen. Uribe, der im Jahr 2002 an die Macht gekommen war, schien aus amerikanischer Sicht der perfekte Mann für die darauf folgende Zusammenarbeit zu sein. Wunschgemäß ging der Bush-Freund und rechtsgerichtete kolumbianische Politiker Seite an Seite mit den

Amerikanern – ausgerüstet mit deren modernen Waffen – gegen die linken Rebellen vor. All dies war sehr zum Missfallen Chávez, der jede amerikanische Einmischung in innerstaatliche Angelegenheiten verteufelt. Trotz des Ausweichens auf Kolumbien konnten die USA jedoch nicht zur Gänze auf das venezolanische Öl verzichten – das schwarze Gold ist eben wichtiger, als jede „Pseudo-Angst" vor dem heutzutage nur mehr für die Wirtschaft (wegen der möglichen Verstaatlichungen) bedrohlichen Kommunismus!

Daher konnte man auch aus Sicht der USA nicht untätig bleiben, als Chávez mit der Verstaatlichung der Industrie begann. In jedem Staat finden sich glücklicherweise regierungsfeindliche Gruppierungen, die mit der herrschenden Politik nicht einverstanden sind. Im Falle Venezuelas war das die ehemalige Elite, die um die Enteignung ihrer Besitztümer fürchtete. Als Chávez den Amerikanern ihre Ölförderverträge kündigte und so der Ausbeutung einen Riegel vorschob, waren die USA nunmehr daran interessiert, den „Gorila Rojo" (roter Gorilla), wie Chávez in Kolumbien genannt wird, in seine Schranken zu weisen. So war es auch weiter nicht verwunderlich, dass die USA einen Putschversuch gegen Chávez im Jahre 2002 begrüßten – mancherorts wird behauptet, dass der Geheimdienst CIA an dem Aufstand aktiv beteiligt gewesen sei. Wie auch immer es gewesen sein mag, der Staatsstreich scheiterte letztendlich ohnehin an der Masse der Bevölkerung, die sich hinter ihren Präsidenten stellte.

So prallen im heutigen Kolumbien und Venezuela weiterhin zwei völlig unterschiedliche politische Ideologien aufeinander. Sowohl Uribe und sein Nachfolger Santos (siehe Wahlkampf) als auch Chávez versuchen, die seit jeher zu Animositäten neigenden Bürger ihrer Länder „aufzustacheln" und den Führungsstil sowie die Politik des jeweils anderen zu verteufeln.

Als wahrer Bösewicht sind jedoch wieder einmal die USA entlarvt, welche die zwischenstaatliche Lage durch ihre Gier nach Öl und ihre politischen Intrigen weiter verschlimmert haben. Auch wenn Barack Obama gemäßigter agiert als sein ausschließlich von der Waffenlobby gelenkter Vorgänger George W. Bush, bleibt abzuwarten, ob das sich gegen amerikanische Interessen auflehnende Venezuela nicht doch irgendwann einmal zu einem „Schurkenstaat" erklärt wird, wodurch in den Augen der Amerikaner ein Krieg gerechtfertigt werden könnte.

Kolumbien und Deutschland

Die Beziehungen zwischen Deutschland und Kolumbien sind gut. Das zeigt sich auch in der zunehmenden Präsenz deutscher Firmen, die erfolgreich in dem lateinamerikanischen Land Fuß fassen. Deutschland gilt darüber hinaus als der größte Handelspartner Kolumbiens in der Europäischen Union. Auch auf Regierungsebene funktioniert die Zusammenarbeit bestens – gegenseitige Besuche der Staatschefs fanden statt, um die wirtschaftliche Zusammenarbeit zwischen den beiden Ländern weiter zu verdichten. Deutsche Abgeordnete sprachen sich für eine tiefer gehende Unterstützung der Regierung Uribe und eine Teilnahme am „Plan Colombia" aus, aber auch politische Organisationen vor Ort, wie etwa die vom Staat finanzierte Konrad Adenauer Stiftung, gingen sehr vorsichtig mit Kritik an dem südamerikanischen Land um. Man verwies auf Uribes hohe Zustimmungswerte und seinen erfolgreichen Kampf gegen den Drogenhandel.

Was steckt nun hinter all den Freundlichkeiten?

Grundsätzlich berufen sich die Europäer generell allzu gerne auf ihre „Werte", die allerdings nur dann Gültigkeit haben, solange keine wirtschaftlichen Beweggründe dagegen sprechen. Auch die Politik Deutschlands stellt diesbezüglich keine Ausnahme dar, wenn sie bei einem durch und durch korrupten Land wie Kolumbien, in dem sämtliche politische Wahlen und die wichtigsten Medien manipuliert sind, unter anderem auf hohe Zustimmungswerte der Bevölkerung zur Regierung Uribe verweist. Eine solche Position entlarvt daher lediglich die naive Unwissenheit der deutschen Politiker oder eine Strategie des „Schönredens", um wirtschaftliche Aktivitäten zu rechtfertigen.

Kolumbien entspricht nämlich in keiner Weise dem europäischen Verständnis eines demokratischen Staats. So verfügt das Land etwa auch über ein von der Regierung und den Paramilitärs aufgebautes Spitzelsystem, weshalb man sehr vorsichtig sein muss, was man sagt und mit wem man worüber spricht. Regierungskritische Personen ziehen bereits Vergleiche mit der ehemaligen DDR, weil auch die kolumbianische Regierung nicht davor zurückscheute, Personen (etwa Studenten) gegen Bezahlung als Spitzel einzusetzen.

Meinungsumfragen und Statistiken sind daher in einem Land, in dem ein Präsident die wichtigsten Medien kontrollierte, völlig wertlos. Darüber sollten auch die politischen Stiftungen vor Ort Bescheid wissen, deren an die Heimat übermittelten Informationen nicht der Realität entsprechen, sondern nicht mehr als geschönte Analysen sind, die durch die Zensur des kolumbianischen Staates gelaufen sind. Diese falschen Lageberichte wurden dann von völlig unwissenden Politikern eins zu eins übernommen und veranlassten selbige, von der „Erfolgsbilanz" der Regierung Uribe zu sprechen, um sich die guten Handelsbeziehungen mit Kolumbien nicht zu verderben.

Neben den offiziellen Handelsbeziehungen gehen aber auch die Geschäfte, von denen die Öffentlichkeit nichts erfahren soll, munter weiter. Deutsche Chemieprodukte, die völlig legal produziert werden dürfen, sollen auf verschleierten Pfaden noch immer ihre Wege nach Kolumbien finden, wo selbige zur Herstellung von Kokain verwendet werden. Aber auch Projekte, wie jene zur Förderung der Anpflanzung von Ölpalmen, werden aus wirtschaftlichen Beweggründen von Deutschland gefördert und zwar trotz der in diesem Zusammenhang begangenen Verbrechen an der regionalen Bevölkerung, die vor allem im Department Chocó von ihrem Grund und Boden vertrieben oder ermordet wird, um das Geschäft in großem Stile zu betreiben – Wirtschaft kennt eben keine Moral.

Neben der deutschen Regierung, die Kolumbien als Handelspartner schätzt und dabei die dort herrschende Realität ausblendet, versuchen auch deutsche Reiseführer ein Bild eines Landes zu malen, das heute problemlos bereist werden kann. Liest man etwa in einem Reiseführer über die für Touristen empfohlene Guajira-Halbinsel im Nordosten des Landes, so sind solche Reisetipps schlichtweg als fahrlässig zu qualifizieren. Besagtes Gebiet ist unter paramilitärischer Kontrolle und gilt als eine der Hauptdrogenrouten ins Ausland.

Deutschland, aber auch das übrige Europa, muss sich daher entscheiden: Die Europäische Union kann nicht als politischer Gutmensch auftreten und europäische Werte und Demokratie als das höchste Gut ansehen, gleichzeitig aber, sobald es um wirtschaftliche Interessen geht, diese edlen Motive über Bord werfen. Mit einem solchen Vorgehen unterscheidet sich der alte Kontinent nämlich um nichts von den Amerikanern, denen mit europäischer Arroganz allzu gerne ihre Doppelmoral vorgeworfen wird.

Alvaro Uribe – „El Patron"

Kolumbien verfügt über eine historische gewachsene, gesellschaftlich tief verankerte, Korruptionstradition. Wer die nötigen finanziellen Mittel hat, kann es sich richten – Polizisten, Militärs und vor allem Politiker sind dabei bevorzugte Adressaten für Bestechungsgelder. Durch die Drogenmafia der 1980er Jahre wurde das bestehende System über die Jahre hinweg perfektioniert. Während das Medellin-Kartell in seiner Philosophie eher auf Gewalt und Drohung setzte, um das Geschäft zu expandieren, waren es vor allem die Kontrahenten aus Cali, welche mit „kultivierter Bestechung" bereits in den 1970er und 80er Jahren die gesamte Politik infiltrierten.

Im Laufe der Jahre erreichten die Drogenbarone so großen Einfluss, dass selbst Präsidenten nicht auf deren großzügige Wahlkampfspenden verzichten wollten – und konnten. So wurde auch der Wahlkampf Präsident Ernesto Sampers in den 1990er Jahren zu einem guten Teil vom Cali-Kartell finanziert.

Die Korruption beginnt allerdings schon bei den lokalen Politikern, deren Wahlkämpfe ebenfalls gesponsert werden, bzw. denen notwendige „aktive Wahlhilfe" geleistet wird. So waren vor allem die paramilitärischen Verbände der AUC dafür berühmt, in den von ihnen kontrollierten Gebieten Wählerstimmen zu kaufen, bzw. die Wähler zur Abgabe eines entsprechenden Votums zu nötigen. Wer den betreffenden Kandidaten nicht wählte, wurde vertrieben und gelegentlich auch umgebracht. Da die AUC weite Teile des Landes kontrollierte, stand eine Vielzahl von Politkern in Verbindung zu den Todesschwadronen, denen sie ihre Wahl verdankten. Im Gegenzug waren die Politiker jedoch gezwungen, die Interessen der „Paras" politisch zu vertreten sowie deren kriminellen Machenschaften zu decken. Wer sich weigerte, lebte gefährlich und lief Gefahr getötet zu werden.

Ähnlich wie die „Paras", bzw. die heute agierenden Nachfolgeorganisationen, versuchen aber auch die Guerilleros auf die Politik Einfluss zu nehmen. In den von ihren Verbänden kontrollierten Gebieten sind daher nur ihnen nahe stehende Staatsdiener geduldet, um den Drogenhandel reibungslos abwickeln zu können – politische Gegner werden auch von den Rebellen eliminiert.

Da in Kolumbien eine Vielzahl der überdurchschnittlich wohlhabenden Personen in irgendeiner Weise mit dem Drogenhandel verbunden sind, finden sich auch in der Politik, die als Spielwiese der Elite ausschließlich zu deren Machtkonsolidierung dient, zahlreiche Personen mit einer kriminellen Vergangenheit. Wer in Kolumbien zu den Superreichen zählt und noch im Land lebt, hat ziemlich sicher „Dreck am Stecken".

Ein gutes Beispiel dafür ist der letzte kolumbianische Präsident Álvaro Uribe.

Als ältestes von fünf Kindern wurde Álvaro Uribe im Jahre 1954 geboren. Seine Familie galt zunächst als nicht sehr wohlhabend. Der Vater, Alberto Uribe Sierra, konnte jedoch über die Jahre hinweg ein riesiges Vermögen anhäufen. Offiziell gelangte er mit Rinder- und Pferdezuchten zu Reichtum. Inoffiziell war er als „Testaferro" (Strohmann) der Drogenmafia tätig sowie selbst in den Drogenhandel verstrickt. Faktum ist, dass die Uribes mit den Ochoas eng befreundet waren und beide Väter sogar eine eigene Schule (Colegio Jorge Robledo – Robledo ist ein Stadtteil in Kolumbien) gründeten, wohin sie ihre Sprösslinge zur Ausbildung schickten. Wie bereits erwähnt, war der Ochoa-Clan in den 1970er und 80er Jahren eine maßgebliche Säule des Medellin-Kartells.

Wie überall auf der Welt haben auch in Kolumbien die Kinder einflussreicher Eltern einen entscheidenden Startvorteil. So war es nicht weiter verwunderlich, dass der 26-jährige Álvaro bereits im Jahr 1980 zum Direktor der „Agencia de la Aeronáutica Civil de Colombia" (zivile Luftfahrtsbehörde) ernannt wurde – ein Amt, das wichtige Entscheidungen erforderte. Der frisch ernannte Direktor war nämlich verantwortlich für die Ausstellung von Fluglizenzen, die dieser auch prompt und unbürokratisch den damaligen Capos des Medellin-Kartells besorgte, da diese die Lizenzen rasch benötigten, um das Kokain per Flugzeug außer Landes bringen zu können. Obwohl Uribe dieses Amt zwei Jahre bekleidete, vermied er es – wohl aus gutem Grund – das Datum seiner Tätigkeit als Direktor der zivilen Luftfahrtsbehörde auf seiner Webseite anzuführen...

Álvaros Vater, Alberto Uribe, konnte sich allerdings nicht mehr lange am Aufstieg seines Sohnes erfreuen – er wurde im Jahre 1983 ermordet. Offiziell war es die FARC, die ihn nach einem gescheiterten Entführungsversuch tötete. Uribe sen. hatte sich bis zu seinem gewaltsamen Tod viele Feinde gemacht. Strohmänner der Mafia, wie er einer war, erwerben riesige Mengen an Land, während die ländliche Bevölkerung von ihrem Grund und Boden vertrieben, bzw. mit lächerlichen Beträgen abgespeist wird. Diese so erworbenen Ländereien werden auch heute noch als Geldwaschanlagen genützt, wobei bevorzugt Pferde- oder Rinderzuchten dafür verwendet werden. Ein solches Vorgehen schaffte allerdings auch Konflikte mit der Guerilla, die sich zwar in ihrer Gründungszeit als

Beschützer der ländlichen Bevölkerung sah, de facto allerdings an lukrativen Entführungen von Großgrundbesitzern, Drogenhandel und vor allem dem Drogenanbau in den von ihr kontrollierten Gebieten interessiert war, wozu die Bauern, oftmals gewaltsam, auch heute noch gezwungen werden.

Neben der Guerilla-Theorie kursiert eine weitere nicht bestätigte Auffassung, nach der es die Drogenmafia selbst war, die Uribe sen. beseitigte, nachdem er selbige in einem Geschäft zu übervorteilen versucht hatte.

Wie auch immer es gewesen sein mag, es ist ein Faktum, dass der damals bereits politisch aktiv agierende Álvaro zum Tatort in einem Hubschrauber Pablo Escobars eilte, nachdem er vom Tod seines Vaters erfahren hatte ...

Die Geister Alberto Uribes waren jedoch auch nach dessen Tode noch nicht verstummt. Ein Jahr nach dessen Ermordung tauchte plötzlich ein Hubschrauber auf, der auf Alberto Uribe zugelassen war. Das Fluggerät war bei einer Razzia gegen das Medellin-Kartell auf dem Areal des Mega-Kokainlabors „Tranquilandia" beschlagnahmt worden...

Nach seiner Amtszeit bei der Luftfahrtbehörde ging die Karriere Álvaro Uribes steil bergauf. Er wurde noch im Jahr 1982 zum Bürgermeister von Medellin ernannt. In dieser Funktion kam es zu intensiven Zusammenarbeiten mit seinem „Kollegen" Pablo Escobar, der sich ebenfalls für Politik zu interessieren begann. Escobar förderte und unterstützte Medellins Arme mit Geldgeschenken, einem Programm zur Modernisierung ihrer Häuser, dem Errichten von Fußballplätzen und anderen Freizeiteinrichtungen, um sich so die Beliebtheit der Bevölkerung zu erkaufen. Der Jung-Bürgermeister Uribe sonnte sich im Rampenlicht und bekundete lautstark, den spendablen Escobar in seinen weiteren politischen Aktivitäten unterstützen zu wollen. Dieses Naheverhältnis zum Drogenbaron Pablo Escobar sollte ihm jedoch relativ rasch zum Verhängnis werden. Uribe wurde aufgrund zu enger Verbindungen mit der Drogenmafia, nach nur wenigen Monaten im Amt des Bürgermeisters, abgesetzt. Auch über seine Tätigkeit als Bürgermeister finden sich im Übrigen keine Zeitangaben auf Uribes Webseite...

Nach diesem Karriererückschlag trat der Jungpolitiker in die zweite Reihe zurück und bekleidete ab dem Jahr 1984 das Amt des „Concejal" (Stadtverwalter, 1984-86). In Medellin gibt es 21 solcher Verwalter – Uribe hatte das Amt für Finanzen übrig.

Medellin war in den 1980er Jahren die Mafiastadt schlechthin. Das Kartell kontrollierte praktisch alle Politiker, die – wenn erforderlich – zur Annahme von Bestechungsgeldern frei nach Esobars Gesetz „Plata o Plomo" (Geld oder Blei) auch genötigt wurden. Aus Uribes Sicht erscheint es daher durchaus verständlich, über diese Zeit nicht allzu viel publik werden zu lassen. Dennoch war der spätere Präsident in Insiderkreisen bereits kein Unbekannter:

Álvaro Uribe – Politiker und kolumbianischer Senator arbeitete auf höchster Regierungsebene mit dem Medellin-Kartell zusammen. Uribe war in Geschäfte verwickelt, die im Zusammenhang mit Drogenaktivitäten in den USA standen. Sein Vater wurde aufgrund seiner Verbindung zur Drogenmafia ermordet. Uribe war für das Medellin-Kartell tätig und ein enger Freund Pablo Escobars, dessen politische Karriere er unterstützte. Als Senator war Uribe gegen die Auslieferung der Drogenhändler.

In diesem Auszug aus einem US-Geheimdienstdokument des Jahres 1991 wird Uribe auf Platznummer 82 der mit dem Drogenhandel verbundenen Personen gereiht. Die Verbindung des späteren kolumbianischen Präsidenten mit der Drogenmafia war somit auch den Amerikanern längst bekannt!

In der Folge schlitterte das Medellin-Kartell jedoch zusehends in Schwierigkeiten. Kriege fanden an allen Fronten statt. So wurde nicht nur der Staat bekämpft, sondern auch das Cali-Kartell. Zusehends wandten sich sogar die paramilitärischen Verbände ab und begannen gegen ihre ehemaligen Verbündeten vorzugehen – „Los PEPES" wurden gegründet, um den nunmehr gehassten Pablo Escobar zur Strecke zu bringen.

Wie verhält sich nun ein Politiker in dieser Situation, wenn er mit dem Medellin-Kartell zusammen gearbeitet hatte und sein Vater von linken Rebellen ermordet wurde?

Er wechselt zunächst die Fronten. Die Drogenmafia war plötzlich zu einem öffentlichen Feindbild geworden und verlor zusehends an Einfluss. Auch ein den Capos wohlgesinnter Senator – Uribe war von 1986 bis 1994 als solcher im Amt – konnte deren Auslieferungen, bzw. Verfolgungen nicht mehr verhindern. Der Druck der Amerikaner war bereits zu groß geworden.

Trotzdem zeichneten die 1980er Jahre insgesamt ein klares Bild davon, wie sehr die Politik von den Drogenkartellen infiltriert war. Am Höhepunkt der Macht der Kartelle stand die Mehrheit der Senatoren in Verbindung zur Drogenmafia. Ein Phänomen, das sich später unter Uribes Präsidentschaft wiederholen sollte. Hier waren es allerdings die Paramilitärs, die das politische Geschehen im kolumbianischen Kongress kontrollieren.

Der Politiker Uribe wurde daher in den späten 1980er Jahren von einem Vertrauten der Drogenmafia zu einem Freund der paramilitärischen Verbände. Dieses Vorgehen war im Übrigen eine strategische Meisterleistung, die im Normalfall nur wenige Personen überleben. Uribe hatte allerdings den richtigen Zeitpunkt erwischt, das sinkende Schiff zu verlassen und sich einer neuen kriminellen Vereinigung anzuschließen – ein Kunststück, das neben dem Politiker auch ein Mann namens „Don Berna" zu Wege brachte, der vom Guerillero zum Drogenboss bis hin zu einer Führungsperson der „Paras" wurde.

Gestärkt durch mehrere Auszeichnungen als bester Senator (1990, 1992 und 1993) nahm Uribe im Jahre 1995 das Amt des Gouverneurs von Antioquia an und bekleidete selbiges bis ins Jahr 1997. Während jener Zeit konnte er mit Hilfe der „Paras" seine Machtposition erheblich ausbauen. Die paramilitärischen Verbände waren seit dem Jahr 1994 in den Autodefensas Campesinas de Córdoba y Urabá (ACCU) vereinigt und verfügten daher vor allem in Antioquia über großen Einfluss. Drei Jahre später folgte der Department übergreifende Zusammenschluss der wichtigsten paramilitärischen Verbände zu den Autodefensas Unidas de Colombia (AUC) unter der Führung Carlos Castaños.

Castaño und Uribe standen einander nahe – beide verfügten über riesige Ländereien, unter anderem auch in Cordoba (kolumbianisches Department), wo sie sogar Nachbarn waren. Uribe fühlte sich mit den „Paras" verbunden. Ebenso wie die Brüder Castaño verlor auch er seinen Vater durch die Guerilla. Darüber hinaus waren die illegalen Verbände von einer nicht zu unterschätzenden Wichtigkeit für sein weiteres politisches Fortkommen. Die AUC kontrollierte riesige Gebiete in ganz Kolumbien und konnte jede Menge Stimmen und Wahlkampfgelder besorgen.

So war es auch weiters nicht verwunderlich, dass sich der Gouverneur Uribe für die Einsetzung so genannter CONVIVIR-Truppen stark machte. Der Hintergedanke dabei war wohl, die immer noch illegalen „Paras" in eine legale Organisation – eben jene der CONVIVIR, die offiziell ein friedliches Zusammenleben fördern sollte – umzuwandeln, um so die Erhaltung der bereits unter Kontrolle gebrachten Gebiete gewährleisten zu können. Das Projekt, in dem sich Uribe erstmals in seiner politischen Karriere für die Legalisierung der „Paras" einsetzte, scheiterte jedoch an den CONVIVIR-Mitgliedern selbst. Diese waren letztendlich nämlich nicht dazu bereit, sich als legale staatliche Truppen auf die bloße Erhaltung des

„Status quo" zu beschränken. Nach und nach wurden die CONVIVIR-Tuppen daher von der AUC übernommen.

In seiner Amtszeit als Gouverneur hatte Uribe einen Berater namens Pedro Juan Moreno, der neben seiner politischen Tätigkeit eine Chemiefirma (GMP Productos Químicos) mit Sitz in Medellin besaß. Diese Firma war im Jahre 1997 Adressat zweier Permanganat Lieferungen aus China, wobei chinesische Frachter in Kalifornien anlegten, um dann ungehindert – offensichtlich hatten die Amerikaner kein Problem damit! – insgesamt 40 Tonnen dieser Chemikalie nach Kolumbien zu liefern. Ergänzend sei erwähnt, dass Permanganat für die Herstellung von Kokain benötigt wird und als Endabnehmer dieses Produkts der Name Carlos Castaño aufschien...

Die Zusammenarbeit zwischen der Politik, den „Paras" und dem Militär funktionierte somit hervorragend – dies galt insbesondere hinsichtlich der Gewinnung neuer Ländereien. Militär und „Paras" säuberten den Boden von Guerilla-Kollaborateuren, bzw. Zivilisten, die einfach als Guerilleros bezeichnet wurden („falsos positivos"). Wer Glück hatten, wurde von seinem Land vertrieben, zahlreiche Personen fanden allerdings einen gewaltsamen Tod. Für das so gewonnene Land wurden Strohmänner als neue „Eigentümer" eingesetzt, welche die Drogengelder der AUC über Viehzuchten rein wuschen. Daneben spielte aber auch die Kultivierung von Koka, das auf den gestohlenen Ländereien angebaut wurde, eine gewichtige Rolle. Heute werden die illegal annektierten Gebiete im Übrigen auch für die Anpflanzung von Ölpalmen genutzt.

Neben den „Paras", die auf diese Art gemeinsam mit dem Militär die Bevölkerung drangsalieren, findet in den von der Guerilla kontrollierten Gebieten ein ähnliches Schauspiel statt. In diesem Fall sind es eben die Guerilleros, welche die Bauern unter Androhung von Gewalt zur Anpflanzung von Koka zwingen, bzw. deren Ländereien gewaltsam übernehmen.

Als Strohmänner für illegal gewonnene Ländereien werden Personen bevorzugt, die bereits über Vermögen verfügen und einen sonst eher unscheinbaren Lebenswandel führen. In Kolumbien wird die Meinung vertreten, dass auch der Ochoa-Clan – der eine wesentliche Rolle im Medellin-Kartell spielte und mit dem die Familie Uribe verwandt ist – nach wie vor auf diese Weise am schmutzigen Geschäft mitmischt, obwohl die zwei aus dem Gefängnis entlassenen Brüder, Jorge Luis und Fabio, „hoch und heilig" verkünden, nun ein ehrenwertes Leben zu führen.

Aber auch Uribe selbst sorgte dafür, dass seine Familie nicht zu kurz kam. So setzte er u. a. seine eigenen Söhne als Strohmänner für so genannte

„Zonas Francas" ein, in dem politischen Wissen, dass eine Umwidmung dieser brach liegenden Grundstücke für Infrastrukturmaßnahmen stattfinden wird. War der Wert des Grundstückes auf diese Weise um ein Vielfaches gestiegen, wurden die Ländereien dann wieder an den Staat verkauft. Die erzielten Gewinne, die auf diese Weise der Familie zukamen, waren enorm.

Uribes Söhne und der verwandte Ochoa-Clan waren jedoch nicht die einzigen Personen aus Uribes Verwandtschaft, die in kriminelle Machenschaften verstrickt waren.

So hatte etwa sein Bruder, Santiago, nicht nur ein starkes Naheverhältnis zum Medellin-Kartell, sondern gründete darüber hinaus gemeinsam mit einem Priester eine paramilitärische Einheit mit dem Namen „die zwölf Aposteln". Diese Organisation hatte ihren Sitz in einer von Álvaro Uribes „Haciendas" und war Anfang der 1990er Jahre für die Ermordung von Dutzenden Menschen verantwortlich. Die darauf folgenden staatlichen Ermittlungen verliefen – wenig überraschend – allesamt im Sande.

Uribes Mutter, Laura Vélez, stammte aus dem Ochoa-Clan und sorgte so für die bereits erwähnte Verwandtschaft zu einer Familie, die als Mitbegründerin des Medellin-Kartells galt.

Mario Uribe Escobar, ein Cousin Uribes und ehemaliger Kongress-Präsident, hatte enge Verbindungen zum paramilitärischen Führer Salvatore Mancuso, der ihm einen Wahlerfolg versprochen haben soll. Gegen Uribe Escobar wurde im Jahre 2008 ein Haftbefehl erlassen. Der ehemalige Senator befindet sich aber noch immer auf freiem Fuß – die Untersuchungen dauern an...

Gegen weitere fünf Cousins aus dem Uribe Clan liefen Ermittlungen wegen paramilitärischer Aktivitäten – allesamt ohne Resultate.

Uribe zeichnet sich allerdings nicht nur durch seine mafiösen Verbindungen aus, sondern auch durch ein zu kurz geratenes wirtschaftliches Verständnis. Als Álvaro Uribe das Gouverneursamt im Jahre 1997 abgab, waren die Schulden im Department Antioquia um mehr als 500% angestiegen.

Der Politiker konnte sich trotzdem in aller Ruhe seiner weiteren Karriere widmen und die Vorbereitungen für seinen letzten großen Schritt treffen: das kolumbianische Präsidentenamt 2002.

„Starke Hand und großes Herz" – mit diesem Slogan startete Uribe seine Wahlkampagne als nunmehr unabhängiger Präsidentschaftskandidat. Als erklärtes Ziel formulierte er unter anderem den Kampf gegen die Guerilla sowie die Beseitigung der Korruption. Anfänglich fand Uribe jedoch keinen allzu großen Anklang bei der Bevölkerung. Dies änderte sich erst, als die unter Präsident Pastrana stattgefundenen Friedensverhandlungen mit der Guerilla gescheitert waren und Uribe plötzlich als der Mann gesehen wurde, der für Sicherheit im Land sorgen könnte.

Wie konnte nun ein unabhängiger Kandidat die Wahlen für das höchste Amt im Staat gewinnen?

Die Antwort auf diese Frage ist relativ leicht zu beantworten. Álvaro Uribe war der Kandidat der paramilitärischen Verbände der AUC, mit deren Hilfe er nicht nur finanzielle Unterstützung hatte, – bekanntlich gibt es in Kolumbien keine Wahlen, die nicht über Umwege von kriminellen Organisationen gesponsert werden – sondern auch willige Wahlhelfer, die die Bevölkerung in den von ihnen kontrollierten Gebieten „überzeugten", richtig zu wählen.

Diese Ausgangslage – finanzielle Unterstützung plus Wahlhilfe – verknüpft die Politik in Kolumbien eben stets mit der Kriminalität, egal, ob Drogenmafia, Paramilitärs oder Guerilleros. Die kriminellen Vereinigungen verfügen über Macht und Geld und können so auf die korrupten Politiker Einfluss nehmen oder gar ihre eigenen Vertreter ins Rennen schicken. Kandidaten, wie auch Uribe einer war, werden dann sogar von den kriminellen Verbänden eigenhändig durch das Land chauffiert und beschützt, wenn sie ihre Wahlkämpfe in den von den Mafiosi kontrollierten Gebieten abhalten.

Da die Mehrzahl der Kolumbianer obendrein arm ist, können die Stimmen der Bevölkerung, wie bereits mehrfach erwähnt, leicht gekauft werden. Die politische Elite braucht das ungebildete, leicht manipulierbare Volk, um ihre Macht zu sichern – kritisch denkende Menschen sind hingegen gefährlich und haben daher seit jeher kein einfaches Leben im demokratischen Kolumbien.

Carlos Castaño und seine Gefolgsleute hatten es somit geschafft. Ihr Kandidat, der auf Pferdemessen von den Bossen des Medellin-Kartells noch liebevoll „Varito" (Verniedlichungsform für Álvaro) genannt wurde, mutierte nun zum „Patron" der „Paras" – „Voltiarepa" (kolumbianische Bezeichnung für jemanden, der immer wieder die Seiten wechselt), der Ex-Präsident als ein „Parade-Paisa" ohne Rückgrat, der es geschickt verstand, die Fronten zu wechseln, um so den maximalen persönlichen Vorteil zu erlangen!

Nach der erfolgreich geschlagenen Wahl konnte für Uribe die Arbeit beginnen, wobei seine erklärten Arbeitsschwerpunkte auf der Schwächung der Guerilla sowie der Demobilisierung der AUC lagen. Das Land sollte sicherer werden. *„Wir brauchen Frieden – ohne Frieden gibt es keine Investitionen und ohne Investitionen keinen Wohlstand",* verkündete der frisch gewählte Präsident optimistisch. Doch was steckt nun tatsächlich hinter seiner Strategie?

Mit dem Schlachtruf zur Bekämpfung der linken Rebellen sicherte sich Uribe internationale Anerkennung. Insbesondere die Amerikaner waren darüber erfreut und sponserten diesen Krieg mit teurem Kriegsgerät, um so ihre Waffenindustrie anzukurbeln und endlich die Ölreserven vor den Attacken der linken Rebellen zu schützen.

Nachdem die Guerilla auch als Drogenmafia entlarvt werden konnte, waren die Weichen für einen „gerechten Krieg" gestellt – der kolumbianische Staat konnte mit Hilfe der USA den Kampf gegen den „Kommunismus" (besser gesagt: Terrorismus) mit jenem gegen den Drogenhandel verbinden und so offiziell für Ordnung im Land sorgen. Diese Strategie stellte die USA mehr als zufrieden. Private Sicherheitsfirmen sowie die Waffen- und Chemieindustrie, die das Gift zur Besprühung der Kokafelder herstellt, konnten über lukrative Aufträge jubeln. Die reichen Ölreserven schienen endlich bereit für eine ungehinderte Ausbeutung.

Uribe und seinem Freund Bush war es somit gelungen, dem Teufel ein Gesicht zu verleihen – der Kampf gegen die Guerilla wurde zu einem international geschätzten und geförderten Projekt und hielt die in Wahrheit dahinter stehenden Motive gut verdeckt!

Als zweiten Schritt musste sich der Präsident überlegen, was er mit seinen paramilitärischen Wahlhelfern machen sollte. Rasch war so die Idee der Demobilisierung geboren. Die Mitglieder der AUC sollten, wie schon mehrfach beschrieben, die Waffen niederlegen und im Gegenzug Straffreiheit, bzw. – in Fällen schwerster Verbrechen limitierte Strafen von maximal acht Jahren ausfassen, wobei es möglich sein sollte, diese auch auf landwirtschaftlichen Farmen verbüßen zu dürfen. Der Plan schien perfekt für die Reinwaschung der Verbrecher geeignet zu sein. Die meisten paramilitärischen Chefs nahmen daher auch das Regierungsangebot an und stellten sich.

Andere – vor allem jene, die nur in der zweiten Reihe standen und ihre schmutzigen Gelder noch nicht ausreichend in den legalen Wirtschaftskreislauf einschleusen konnten – zogen es allerdings vor, unterzutauchen, um so das entstandene Machtvakuum zu nützen und neue Verbände zu gründen. Wiederum andere – das betraf vor allem jene, die versuchten ihre eigenen Deals mit den USA abzuziehen – wurden ermordet, bzw.

werden verdächtigt, ihren Tod nur vorgetäuscht zu haben (die Castaño-Brüder!), um sich so aus der Affäre zu ziehen.

Das großzügige Angebot der Regierung zog allerdings auch diverse Drogenhändler an, die ihre Chance zu nützen versuchten und sich als „Paras" ausgaben, um in den Genuss der staatlichen Vergünstigungen zu gelangen. Generell war es allerdings ohnehin unmöglich, zwischen Drogenbanden und paramilitärischen Verbänden einen klaren Trennstrich zu ziehen – die unterschiedlichen kriminellen Organisationen waren längst zusammengewachsen.

Gleichzeitig mit dem Abbau der paramilitärischen Verbände rüstete Uribe mit Hilfe der Amerikaner kräftig auf. Militär und Polizei wurden sowohl personell als auch militärisch gestärkt. Dabei kam es aber auch immer wieder vor, dass demobilisierte „Paras" oder Guerilleros in die staatlichen Truppen integriert wurden.

Die Aufrüstung der legalen Streitkräfte, in Kombination mit der Schwächung der Guerilla und teilweisen Demobilisierung der AUC führten nun in der Tat dazu, dass das Land vorübergehend sicherer wurde. Doch sollte dies nicht von allzu langer Dauer sein. Der Demobilisierungsprozess brachte nämlich letztendlich deshalb nicht die gewünschten Resultate, da eine Vielzahl der „Paras", wie bereits erwähnt, nicht dazu bereit war, dauerhaft die Waffen niederzulegen. Darüber hinaus entzogen sich zahllose Kämpfe dem staatlichen Angebot zur Gänze und präsentierten den Behörden an ihrer Stelle Personen, die nichts mit der AUC zu tun hatten.

In der Folge war es daher auch nicht verwunderlich, dass der internationale Druck auf Uribe wuchs, als man erfuhr, dass die paramilitärischen Verbände trotz Demobilisierung weiterhin den Drogenhandel kontrollierten. Uribe musste und tat dies, indem er die Köpfe der AUC im Jahre 2008 an die USA auslieferte. Zwei Überlegungen könnten dabei eine Rolle gespielt haben. Seiner „Paisa-Mentalität" entsprechend, könnte Uribe erkannt haben, dass er seine alten Freunde nicht mehr schützen konnte, weshalb er sie einfach fallen ließ, wie er es schon einst mit den Bossen des Medellin-Kartells getan hatte.

In Kolumbien wird allerdings auch die nicht bestätigte Meinung vertreten, dass es sich bei der Auslieferung um nicht mehr als ein Schauspiel handelte, bei dem die paramilitärischen Chefs außer Land gebracht werden sollten, um sie so vor intensiveren, landesinternen Nachforschungen hinsichtlich ihrer Verbrechen zu bewahren. Aufgrund eines Deals mit der befreundeten Bush-Regierung sollen die Capos mit der Abschiebung die Möglichkeit erhalten haben, lediglich ein paar Jahre in den USA absitzen zu müssen, um dann frei, sowie von sämtlichen Verbrechen rein gewaschen ihren Lebensabend genießen zu können.

Wie auch immer es gewesen sein mag, fest steht, dass mit der Abschiebung der Capos eine neue Gewaltwelle, vor allem in den Städten, ausgebrochen ist, wo sich die Nachfolgeorganisationen der AUC mit anderen Drogenbanden sowie der Guerilla um freigewordene Drogenrouten zu bekämpfen begannen. Damit hat sich die ohnehin schon schwierige Ausgangslage, durch das Entstehen zahlreicher Splittergruppen weiter verkompliziert, zumal nunmehr auch Kooperationen zwischen den einzelnen, ehemals verfeindeten Organisationen keine Seltenheit mehr sind.

Sollte Uribe darauf gehofft haben, dass mit dem Abbau der AUC, der Bekämpfung der Guerilla und dem Ausbau der Exekutive Frieden erreicht werden kann, hat er sich gründlich verspekuliert. Das Projekt Demobilisierung kann zum heutigen Tag als völlig gescheitert angesehen werden, die Bekämpfung der Guerilla ist ins Stocken geraten und das Militär sorgt nach wie vor für negative Schlagzeilen durch seine Beteiligung an Morden an der Zivilbevölkerung.

Wie kann man nun das politische Vorgehen von Álvaro Uribe konkret analysieren?

Fest steht, dass es der kleine Mann aus Antioquia bestens verstanden hatte, die Hilfe verschiedenster krimineller Organisationen auszunützen. Vom Sprachrohr der Drogenmafia in den 1980er Jahren, bis hin zum paramilitärischen Wunschkandidat – Uribe glückte es stets, die Organisationen im richtigen Zeitpunkt zu wechseln, ohne dabei selbst ernsthafte Imageschäden davonzutragen. Während die Wahlkampfunterstützung des kolumbianischen Präsidenten der 1990er Jahre, Ernesto Samper, durch das Cali-Kartell noch zu einem handfesten Skandal geführt hatte, spielten solche Finanzierungsmethoden danach kaum mehr eine Rolle. Vom Bürgermeister, über den Gouverneur, bis hin zum Präsidenten – Uribe ist ein Paradebeispiel für die moderne Form „kolumbianischer Demokratie", in welcher Politiker von jenen kriminellen Vereinigungen gesponsert werden, die über die nötige Macht verfügen – sei es lokal oder überregional. Uribe hatte mit der überregional tätigen AUC, die auch noch während der Demobilisierung ganze Landstriche kontrollierte, einen enorm starken Förderer. Nachdem er seine Kollegen im Kongress mit dem Versprechen geködert hatte, in ihren Regionen Investitionen durchzuführen und deren Angehörigen diplomatische Posten angeboten hatte, stand daher selbst einer Wiederwahl im Jahre

2006 nichts mehr im Wege. Die dafür nötige Gesetzesänderung fand – wenig überraschend – die erforderliche politische Zustimmung.

Wenn ausländische Medien und deutsche Stiftungen die hohen Zustimmungswerte des nunmehr ehemaligen Präsidenten in der Bevölkerung für die Wiederwahl verantwortlich machten, so wurden sie selbst zum Opfer kolumbianischer Manipulation. Uribe kontrollierte nämlich nicht nur das staatliche Gesundheitswesen (EPS, „Empresas Promotores de Salud"), das Pensions- und Bankenwesen, sondern auch die Medien, in denen sich entweder überall seine Günstlinge fanden, bzw. er selbst über große Aktienanteile verfügte. Politische Statistiken und Meinungsumfragen sind in Kolumbien daher nicht das Papier wert, auf dem sie gedruckt sind.

Das Streben nach uneingeschränkter Macht und Reichtum zeigt sich im Fall Uribe aber auch anhand folgender Vorkommnisse:

Spazierte man um die Jahrtausendwende durch die Altstadt (Getsemani) der Touristenstadt Cartagena, so traf man auf eine Unzahl „abgewrackter" Prostituierter, bewaffneter Crack-Dealer und sonstiger zwielichtiger Gestalten, die dort ihr Unwesen trieben und den Tourismus völlig zum Erliegen brachten. Nachdem die am stärksten betroffenen Straße (Calle media luna) gesäubert worden war – das heißt, Exekutive und Paramilitär gingen im Einvernehmen vor und verhaften, bzw. töten die Übeltäter/innen – können heute Touristen ungehindert durch die Gegend streifen. Das schönste Kolonialhaus der Straße gehört allerdings seither dem ehemaligen Präsidenten...

Das Gebiet um Bagre (Gemeinde in Antioquia) ist für seine Gefährlichkeit bekannt. Sowohl Guerilleros als auch „Paras" (bzw. deren Nachfolgeorganisationen) machen der Bevölkerung das Leben zur Hölle. Daneben ist das Gebiet allerdings auch berühmt für seine Goldminen. Eine der Minen gehört dem ehemaligen Präsidenten...

Aber auch riesige Ländereien in den besten Gebieten, die der Bevölkerung abgepresst wurden sowie infrastrukturtechnisch wichtige Grundstücke, die günstig erworben wurden, um sie im Anschluss zu enormen Preisen dem Staat zurückzuverkaufen, charakterisierten die Vorgehensweise des international ausgezeichneten Politikers gegenüber seiner eigenen Bevölkerung.

In Kolumbien ist es aber auch gefährlich, die neue paramilitärische, politische Elite zu kritisieren. Ein System aus Spitzeln, das aus demobilisierten „Paras" sowie Personen, die über gute Kontakte zur Bevölkerung verfügen (Internet- und Barbetreiber), belauscht und beobachtet, was in den Dörfern, bzw. in den „Barrios" der Städte vor sich geht. Wie bereits erwähnt scheute Uribe aber auch nicht davor zurück, Studenten anzuheuern, die gegen ein Gehalt von 100.000 Peso pro Monat (etwa 40 EUR) über etwaige staatsschädliche Personen berichten sollten – Kolumbien am Weg zu einem Polizeistaat!

Neutral betrachtet kann man daher sagen, dass Personen, die Uribe wohlgesinnt waren, für ihr loyales Verhalten belohnt wurden, während seine Gegner kein leichtes Spiel hatten.

Ein gutes Beispiel dafür bot *Pedro Moreno Villa*, der als Sekretär des damaligen Gouverneurs von Antioquia, Álvaro Uribe, tätig war. Moreno konnte tonnenweise Chemikalien zur Kokainherstellung nach Kolumbien importieren, ohne dass irgendetwas passierte. Als sich Uribe um das Präsidentenamt bewarb, war Moreno sein Wahlkampfleiter. Dann wurde allerdings aus dem ehemals guten Freund ein Feind – die beiden hatten einander zerstritten und Moreno drohte, gewisse Dinge an die Öffentlichkeit zu bringen. So soll er als Sekretär unter Gouverneur Uribe mit mehreren von den „Paras" begangenen Massakern an der Zivilbevölkerung vertraut gewesen sein. Im Jahre 2006 starb Moreno bei einem mysteriösen Hubschrauberabsturz...

Cesar Villegas wurde im Jahre 2002 in Bogotá ermordet. Villegas zählte zu Uribes Freunden und war – wie auch der spätere Präsident – bei der Luftfahrtbehörde beschäftigt. Als die DEA an Villegas herantrat, um diesen über Uribe auszufragen, war dies sein Todesurteil.

Besser erging es daher Personen, die dem Despot wohlgesinnt waren. Besonders gerne versorgte Uribe seine treuen Weggefährten mit Diplomatenposten.

Plinio Mendoza, ein getreuer Journalist, der Uribe stets von seinen mafiösen Aktivitäten freisprach, bekam als Dank die Botschaft in Portugal zugewiesen.

Dem früheren Polizeidirektor, *General Rosso José Serrano*, wurde vorgeworfen, er habe gemeinsam mit der AUC an mehreren Massakern mitgewirkt sowie im Jahre 1997 die Freilassung zweier paramilitärischer Führer aus einem Gefängnis erwirkt. Uribe belohnte seinen treuen Mitstreiter mit der Botschaft in Österreich.

Als ein Bürgermeister aus dem Department Sucre versuchte, einen Korruptionsfall anzuzeigen, wurde er ermordet. Im Zusammenhang mit dem Mord stand der damalige Gouverneur des Departments, *Salvador Arana Sus*. Uribe übergab dem Ex-Gouverneur die Botschaft in Chile, um ihn zu schützen, wie er es ausdrückte. Im Jahre 2009 wurde Arana Sus wegen Mordes verurteilt.

Aber auch im politischen Umfeld des Ex-Präsidenten fanden sich jede Menge Günstlinge mit bedenklicher Vergangenheit. So gab der paramilitärische Führer Salvatore Mancuso bekannt, dass über 30% der Regierung Uribes eine Verbindung zu den Paramilitärs aufwiesen. Im Folgenden sollen nur einige Namen genannt werden:

Enilce López Romero alias „La Gata", war eine Verbündete des Medellin-Kartells und Anführerin einer paramilitärischen Gruppe, die großen Einfluss an der Karibikküste erlangte. „La Gata" kontrollierte nicht nur das Glücksspiel „Chance", sondern hatte auch die gesamte regionale Politik infiltriert. Nachdem die Patin Uribes Wahlkampf vor Ort finanziert hatte, revanchierte sich dieser, indem er die Glücksspielsteuer herabsetzte. Einer ihrer Söhne bekam darüber hinaus ein Regierungsamt in Uribes Mannschaft. Dem zweiten Sohn erging es weniger gut – er war gezwungen, unterzutauchen, nachdem er sich als Bürgermeister unrechtmäßig bereichert hatte.

Jorge Noguera, ein Paramilitär, wurde von Uribe mit der Leitung des DAS (Departamento Administrativo de Seguridad, kolumbianischer Geheimdienst) betraut, nachdem ihm Noguera in seiner „aktiven Zeit" jede Menge Wählerstimmen eingetrieben hatte. Noguera soll sein neues Amt paramilitärisch ausgeübt und die Ermordung zahlreicher Gewerkschafter veranlasst haben. Uribe versuchte ihn im Jahre 2006 noch mit einem Konsulatposten nach Italien wegzuloben. Noguera musste jedoch kurze Zeit später den Diplomatendienst verlassen und wurde des Mordes und der Zusammenarbeit mit der AUC angeklagt.

Luis Camilo Osorio Isaza war bemüht, als Generalstaatsanwalt die Prozesse gegen paramilitärische Täter zu verschleppen und wurde dafür mit einem Botschafterposten in Mexiko belohnt. Der „Jurist" stellte unter anderem im Jahre 1997 die Nachforschungen gegen Uribes Bruder Santiago ein, dem mit seiner paramilitärischen Gruppe „die zwölf Aposteln" der Mord an Dutzenden Personen vorgeworfen worden war.

Nicht zu vergessen ist auch des Ex-Präsidenten persönlicher Berater, Jose Obdulio Gaviria, der dieses Amt im Jahr 2009 niederlegte. Gaviria ist der Cousin niemand Geringeres als Pablo Escobar, dem ehemaligen Chef des Medellin-Kartells...

Nach einem Urteil des Verfassungsgerichtshofs konnte Álvaro Uribe kein drittes Mal in Folge für das Präsidentenamt ins Rennen gehen. Für seine politische Arbeit wurde er sowohl von den Amerikanern unter Bush, als auch von den Israelis ausgezeichnet. So bezeichnete der Präsident des Amerikanisch-Jüdischen-Komitees Uribe im Jahre 2007 als einen guten Freund Israels und des jüdischen Volks sowie als jemanden, der an die menschliche Würde und Entwicklung glaubt – lukrative Waffengeschäfte lassen wohl so manche Tatsachen vergessen...

Juan Manuel Santos – der neue kolumbianische Präsident

Wie stellt sich nun tatsächlich die politische Bilanz nach acht Jahren Regierung Uribe dar?

Das Guerillaproblem, das nach Uribes Amtsantritt im Jahre 2002 – seinen Worten nach – in drei Jahren gelöst werden könne, konnte auch mit Hilfe der Amerikaner bis heute nicht in den Griff bekommen werden. Neben dem „Plan Colombia" ist aber auch die Demobilisierung der paramilitärischen Verbände als gescheitert anzusehen, was in dem Land einen neuen Krieg ausbrechen ließ, der sich nun auch auf die Städte ausweitete – Drogen werden weiterhin tonnenweise exportiert. Über 2 Millionen Binnenvertriebene (nicht bestätigt sind bis zu 4 Millionen) und 15% Arbeitslosigkeit, wobei die inoffizielle Quote weit darüber liegt, da in den öffentlichen Statistiken Straßenverkäufer und andere Gelegenheitsarbeiter, als Beschäftigte aufscheinen – sind absolute Spitzenwerte.

Neben diesen Eckpfeilern, die das politische Scheitern Uribes manifestieren, konnte er allerdings auch „persönliche Erfolge" verbuchen – so war es ihm gelungen, den kolumbianischen Paramilitarismus politisch salonfähig zu machen!

Damit konnte er sein Amt am 20. Juni 2010 ruhigen Gewissens an seinen politischen Weggefährten, Juan Manuel Santos, übergeben und ein Land zurücklassen, in dem nach wie vor Korruption und Vetternwirtschaft tief verankert sind.

Wie stellte sich nun der kolumbianische Präsidentschaftswahlkampf 2010 im Einzelnen dar und wer ist Juan Manuel Santos?

Wie schon erwähnt, hatte Álvaro Uribe, der von Macht besessene „Paisa" bestens vorgesorgt und mit Juan Manuel Santos einen Mann als neuen Präsidentschaftskandidaten präsentiert, der nicht mehr als eine Marionette Uribes eigener Politik ist.

Santos stammt aus einer Zeitungsdynastie und bekleidete verschiedenste Ministerposten unter mehreren Präsidenten – zuletzt war er Uribes Verteidigungsministers in der Zeit von 2006 bis 2009. Er gilt als Mann jener paramilitärischen politischen Elite, die mit einem nunmehr gestärkten Militär ihren Machteinfluss ausweiten will. Ganz im Sinne dieser Zielsetzung verkündete Santos schon im Wahlkampf wiederholt, dass er die Politik seines Vorgängers weiterzuführen gedenke. Dem politischen Stil Uribes entsprechend wetterte daher auch der neue Präsident relativ rasch gegen den zum Teufel stigmatisierten Chávez, anstatt diesen populistischen Stimmenfang, der zwar bei der ungebildeten Masse zugegeben noch immer äußerst wirksam ist, zu unterlassen und Venezuela endlich als das anzusehen, was es in Wahrheit ist – einer der wichtigsten Handelspartner Kolumbiens.

Unter Santos als Verteidigungsminister kam es allerdings auch zu handfesten Skandalen. Obwohl längst bekannt war, dass das Militär (oftmals in Kooperation mit den Paramilitärs) an weit über 1.000 Morden an der Zivilbevölkerung aktiv beteiligt war („falsos positivos"; die getöteten Zivilisten wurden und werden nach wie vor einfach als Guerilleros bezeichnet), um das danach frei werdende Land annektieren zu können, leugnete der Minister die Existenz solcher Praktiken hartnäckig. So wurde im Jahre 2008 lediglich einer seiner Generäle, *General Mario Montoya*, „bestraft" und – ganz der Politik Uribes entsprechend – zum Botschafter in der Dominikanischen Republik ernannt.

Natürlich ist auch der neue Präsident eine Person, die in einem Naheverhältnis zum Paramilitarismus steht. So soll er einem Vorwurf des ehemaligen paramilitärischen Führers Salvador Mancuso zufolge in den 1990er Jahre mit dem damaligen Chef der Paramilitärs, Carlos Castaño, eine Allianz eingegangen sein, die das Ziel hatte, den damals amtierenden Präsidenten Ernesto Samper (1994 bis 1998) aus dem Amt zu drängen.

Zur Abrundung dieses Plans traf Santos den Chefguerillero Raúl Reyes im Jahr 1997 in Costa Rica, um diesem ein Friedensangebot zu unterbreiten, falls Samper aus der Politik ausscheiden sollte...

Elf Jahre später waren diese „friedlichen Absichten" – Santos war inzwischen Verteidigungsminister unter Uribe – allerdings vergessen. Unter Santos Befehlsgewalt wurde der Guerillero Reyes bei einem Militärschlag auf ecuadorianischem Staatsgebiet getötet.

Mit der politischen Starthilfe Álvaro Uribes und der Unterstützung der von ihm kontrollierten Medien hat sich daher schon nach der ersten Wahlrunde abgezeichnet, dass Santos, gegenüber seinem schärfsten Herausforderer, Antanas Mockus, dem exzentrischen Grün-Politiker und ehemaligen Bürgermeister Bogotás, der gelegentlich und ganz im Stile eines linken Revolutionärs der 1960er Jahre sein nacktes Gesäß herzeigt, auch nach dem zweiten Wahldurchgang die Nase vorne haben wird.

Amüsant waren in diesem Zusammenhang vor allem jene zum Wahlerfolg führenden politischen Spielchen, die zwar jeder gebildete Kolumbianer sofort durchschaute, aber die Mehrzahl der ungebildeten Bürger dennoch für Santos stimmen ließ. So wurde etwa Mockus in den von Uribe kontrollierten Medien ein Naheverhältnis zu dem bereits genannten, stigmatisierten Feindbild der Nation, Hugo Chávez, nachgesagt, was die einfach gestrickte und bereits „gehirngewaschene" Masse in helle Aufregung versetzte. Ein populistisch-politisches Spiel mit diffusen Ängsten, das von Bush junior übernommen wurde und durch das der Sozialismus als Gefahr dargestellt werden soll, um etwaige Revolutionen und den damit verbundenen Machtverlust der Elite bereits im Ansatz zu ersticken.

Eine Woche vor der Stichwahl zündete dann die nächste Politbombe. Vier Polizeioffiziere konnten nach jahrelanger Geiselhaltung – völlig überraschend – aus den Händen der FARC-Guerilla befreit werden! Uribe selbst verkündete diesen Erfolg mit stolzer Mine auf einer Konferenz in Quibdó (Hauptstadt des Departments Chocó), wo er, vor laufender Kamera, von der Geiselfreiung via Mobiltelefon verständigt wurde.

Auch Justizminister Gabriel Silva erschien in der Folge mit stolz erhobener Brust und dem Daumen nach oben zeigend zur rasch einberufenen Pressekonferenz, um sich den „kritischen" Fragen der anwesenden Journalisten zu stellen. Der Minister sprach, in alter Bush-Manier, von einem Erfolg aller Kolumbianer und dass der Kampf gegen den Terrorismus unbedingt weitergehen müsse – gemeint war hier die Weiterführung der Politik Uribes durch dessen Marionette Juan Manuel Santos, dem nunmehr neuen kolumbianischen Präsidenten.

Eine Erklärung, wie die Geiseln aus einem von 40 Guerilleros bewachten Lager ohne Blutvergießen befreit werden konnten, blieb der Minister unter dem Verweis auf die notwendige Geheimhaltung der Operationsmethode allerdings schuldig.

Doch damit nicht genug des Schauspiels. Zufällig erfolgte die Befreiung einer Geisel an deren Geburtstag! Die Bevölkerung vor den Fernsehschirmen war gerührt – Uribes Plan war voll und ganz aufgegangen.

Mit Hilfe dieser mehr als offensichtlich fingierten Geiselbefreiung, die ein so perfektes Timing hatte, das wohl nur durch den Fluss von Lösegeldzahlungen erreicht werden konnte, war eine Woche vor dem zweiten Wahldurchgang der Grundstein für Santos Wahlsieg gelegt. Die einfache Bevölkerung wurde – wie sooft in Kolumbien – mit plumpen, politischen Manövern erfolgreich getäuscht und Uribe konnte beruhigt die Zügel seinem getreuen Politfreund übergeben, der schon im Wahlkampf seine Großkotzigkeit aufblitzen ließ, als er seine Kinder auf Staatskosten per Hubschrauber zu einem privaten Fest auf eine „Finca" fliegen ließ, während sich im krisengeschüttelten Medellin die Menschen um Gratismilch anstellten.

Neben der medienwirksamen „Geiselbefreiung" mit dem klingenden Namen „Operación Camaleón" (Chamäleon), die letztendlich ein entscheidender Impuls für den Wahlgewinn gewesen war, konnte sich Santos aber auch über die von Uribe geschaffene politische Struktur freuen, die ihm die Stimmenmasse der einfachen Landbevölkerung sicherte.

Während rechtswidrige Praktiken, wie Drohungen, Geschenke an die Wähler sowie die Mitzählung von Stimmen der Verstorbenen nach wie vor – wenn auch nicht mehr so häufig wie früher – bei Wahlen eingesetzt werden, konnte der von den wichtigsten Medien gepushte Präsidentschaftskandidat von heute nach der erfolgten politischen Etablierung der Paramilitärs zusätzlich auf wesentlich subtilere Methoden der Wahlmanipulation zurückgreifen. Nehmen wir das antioquienische Dorf Briceño als ein Beispiel:

Der Gemeindesprengel umfasst in etwa 10.000 Einwohner, die großteils einfache „Fincas" bewirtschaften. Briceño war bis vor wenigen Jahren eine Drogenhochburg, die von den Paramilitärs kontrolliert wurde, nachdem diese die ebenfalls dort operierenden Guerilleros verdrängt hatten.

Alejandra, eine Dorfbewohnerin, baute zu jener Zeit, wie im Übrigen sämtliche „Campesinos" (Bauern) der Umgebung, Koka an. Um den Strauch im Zwei-Monats-Rhythmus zur Ernte zu bringen, musste Alejandra reichlich Dünger und Schädlingsbekämpfungsmittel kaufen, die sehr teuer sind. Nach der Ernte hatte Alejandra zwei Möglichkeiten: Sie konnte die Koka-Blätter für bestenfalls 30.000Peso pro „Arroba" (entspricht in etwa einem Sack von 11,5 Kilogramm) verkaufen oder selbst Kokapaste herstellen, wofür sie allerdings unterschiedliche Chemikalien zukaufen musste und auf die Hilfe so genannter „Químicos" (Chemiker – Dorfbewohner, die das für die Gesundheit aufgrund der giftigen Dämpfe enorm schädliche Handwerk der Pastenherstellung beherrschen) angewiesen war. Da Alejandra nur eine kleine „Finca" bewirtschaftete, war auch der Lohn im Vergleich zu jenen Bauern mit größeren Grundstücken eher karg – ein halbes Kilo Paste brachte in etwa 1 Million Peso (400EUR) ein, wovon ihr, nach Abzug ihrer Ausgaben, im besten Fall 200.000 Peso (80EUR) übrig blieben. Das große Geschäft machten andere...

Die geerntete, bzw. aufbereitete Ware wurde im Anschluss an einen Verbindungsmann der Paramilitärs verkauft. Vereinzelt traten auch Guerilleros als Käufer auf, die allerdings bei den Bauern äußerst unbeliebt waren, da sie des Öfteren die Ware nicht bezahlten und darüber hinaus Schutzgelder kassierten.

Abgesehen von den nach der Demobilisierung der Paramilitärs wieder verstärkt zurückgekehrten Guerilleros sind heutzutage in der Umgebung von Briceño auch die neu entstandenen „Aguilas Negras" sowie Truppen des Militärs zu finden, die zurzeit allesamt relativ friedlich nebeneinander leben, da sich das Drogengeschäft auf andere Gebiete verlagert hat.

Auslöser für dieses (vorübergehende?) regionale Ende des Drogenhandels war das von Uribe geschaffene Programm „Familias en Acción" – eine Art altersmäßig gestaffeltes Kindergeld für die örtliche Bevölkerung (so gibt es etwa für Kleinstkinder monatlich 100.000Peso). Dieses Geld wird allerdings nur dann ausbezahlt, wenn die Bauern kein Koka mehr anbauen. Falls jedoch auch nur eine Familie „rückfällig" wird und von dem die Grundstücke kontrollierenden Militär Kokasträucher gefunden werden, verlieren auch allen anderen Familien die Unterstützungen.

Und was ist nun die Konsequenz dieses staatlichen Hilfsprogramms? Der Ort ist heute (zumindest momentan) zwar sicherer, aber verarmt. Die Familien der Region gaben trotzdem Santos ihre Stimme, weil sie fürchteten, die Regierung könnte ihnen andernfalls die Unterstützung streichen. Diese Art von Stimmenfang ist ein Beispiel für das nunmehr subtilere Abhängigmachen der armen Bevölkerung von den Almosen der Politiker, die es allerdings dem Grün-Politiker Mockus, dem weder die Hilfe der wichtigsten Medien, noch das von der paramilitärischen Elite geschaffene System der eigenen Machterhaltung zur Verfügung standen, unmöglich gemacht haben, eine landesweite Wahl gewinnen zu können.

Die Zukunft Kolumbiens und Strategien zur Eindämmung des Drogenhandels

Die nächsten Monate werden nun zeigen, ob Santos – wie mehrfach angekündigt – den politischen Weg seines Wahlhelfers Uribe tatsächlich weiterverfolgt oder einen eigenen Machtrausch entwickelt und seine ganz persönlichen politischen Spielchen treibt. In Kolumbien können nämlich auch und vor allem in der Politik ehemalige Freunde und Helfer rasch zu erbitterten Feinden werden. Da allerdings Uribe schon angekündigt hat, als militärstrategischer Berater der Regierung Santos zur Verfügung zu stehen, scheint zumindest vorläufig alles beim Alten zu bleiben.

So beinhaltete auch Santos Siegesrede nach der erfolgreich geschlagenen Wahl im Wesentlichen keine Überraschungen. In einem pompösen Schauspiel mit jubelnden Statisten, Musik und Konfettiregen sprach der neue Präsident vom unbedingt weiter zu führenden Krieg gegen die Guerilla, drückte Uribe seinen Dank aus und ließ durchklingen, dass die Armen mit seiner Unterstützung rechnen könnten. Überraschend war vielleicht seine geänderte Einstellung zu den Nachbarstaaten, von der jedoch im Wahlkampf noch nichts zu bemerken gewesen war – Santos forderte in seinem großen Auftritt „keine unnötigen Konfrontationen". Ob er seine neue Sichtweise tatsächlich ernst meinte, wird allerdings erst die Zukunft zeigen. Hinter den immer wieder stattfindenden Dämonisierungsattacken ist nämlich auch die klare Strategie erkennbar, in der eigenen Bevölkerung die Angst vor Kommunismus zu schüren, damit selbige nicht auf die Idee kommt, gegen die herrschende Klasse zu rebellieren.

Wie muss man nun die kolumbianische Politik von heute sehen?

Die neue, politisch etablierte Elite, die den Paramilitärs ihren Erfolg verdankt und von den Medien bis hin zur Wirtschaft das Land kontrolliert, ist nunmehr zunehmend in der Lage, auch ohne die illegalen Wahlhelfer von einst ihre Macht zu erhalten. Als Grund dafür ist einerseits die erfolgte militärische Aufrüstung durch die Amerikaner zu sehen, wodurch das kolumbianische Militär insgesamt in seinen Aktionen weniger auf die Hilfe paramilitärischer Verbände angewiesen ist. Andererseits finden sich im heutigen Kolumbien nach der gescheiterten Demobilisierung ohnehin keine paramilitärischen Verbände im herkömmlichen Sinne mehr, da deren Nachfolgeorganisationen – wie etwa die „Aguilas Negras" – als reine Drogenbanden zu qualifizieren sind.

Der kolumbianische Paramilitarismus hat sich daher auf der einen Seite durch Uribes Politik in einen politisch salonfähigen Flügel, deren Partizipanten sich in der Regierung ausbreiteten und mit Hilfe des Militärs, zurechtgebogener Gesetze sowie der Infiltrierung sämtlicher wichtiger Institutionen, die Macht konsolidieren konnte und auf der anderen Seite einen ausschließlich im Drogenhandel agierenden, illegalen Zweig, gespalten.

Das politische System ist weiterhin von Korruption und Vetternwirtschaft geprägt und setzt sich aus Politikern zusammen, die ausschließlich auf den eigenen Vorteil bedacht sind – sei es durch Bereicherung am Kriegsgeschäft, den Ausverkauf der Bodenschätze oder den Landraub für das Ölpalmenprojekt. Die Masse wird mit billigen Politmanövern geblendet, die es dem Land noch schwieriger machen werden, sich in Zukunft tatsächlich zu verändern. Der Mafiastaat, der durch „El Patron", Álvaro Uribe, perfektioniert worden war, ist nun gefestigt und nimmt alternativen, individualistischen Politikern, die Veränderungen bringen könnten, jede Chance zum politischen Aufstieg. Solange die stimmenstarke Masse aufgrund der gewollten Ungebildetheit nach Belieben von der herrschenden Elite gelenkt werden kann, wird sich daran allerdings auch nichts ändern.

An dieser Stelle sollte allerdings angemerkt werden, dass diese möglichen Veränderungen durch eine neue politische Klasse zunächst nach kolumbianischen Maßstäben bewertet werden müssen. So wurde der Präsidentschaftskandidat Mockus zwar als genau diese Art neuer Politiker präsentiert, jedoch finden sich auch bei ihm einige „Ungereimtheiten", wie etwa jene mit Sergio Fajardo eingegangene Allianz, dem, als ehemaligen Bürgermeister von Medellin (2004 bis 2007), die Annahme von Wahlkampfspenden von niemand Geringerem, als dem Drogenhändler und Paramilitär Don Berna, nachgesagt wurde...

Obwohl Mockus gegen die politische Übermacht Santos und dessen Helfer von Beginn an auf verlorenem Posten war, besonders nachdem die paramilitärische Elite sofort die drohende Gefahr von Links erkannt hatte und daher rasch die „Manipulationsmaschine" startete, stellte der Grün-Politiker für die intellektuellen Kolumbianer dennoch das geringere Übel dar, weshalb sie ihm ihre Stimme gaben.

Gibt es nun eine Lösung für das Problem „internationaler Drogenhandel", das mit seiner Einflussnahme auf die Politik nicht nur Kolumbien und andere Länder zu Mafiastaaten werden ließ, sondern letztendlich in seinen Auswirkungen den gesamten Globus betrifft?

Realpolitisch betrachtet muss die Antwort auf diese Frage aus nachfolgenden Gründen leider „Nein" lauten.

So wird eine Bekämpfung des Drogenhandels diesen niemals endgültig zerstören können, egal, ob man versucht, den Kokastrauch zu vernichten oder gegen die Mafia in den Krieg zieht. Es werden sich immer Personen finden, die bereit sind, jegliches Risiko einzugehen, um im Drogenhandel das schnelle Geld zu machen, wodurch die Behörden letztlich gezwungen sind, einen Kampf gegen Windmühlen zu führen.

Eine Legalisierung der Drogen scheint auf den ersten Blick alle Probleme zu beseitigen. Hier sind es aber staatliche und wirtschaftliche Interessen, die einer Lösung entgegenstehen. Einflussreiche Wirtschaftszweige, wie etwa die Waffenindustrie, die gutes Geld an dem schwelenden Konflikt verdient, aber auch die Milliarden verschlingenden staatlichen Drogenbekämpfungsbehörden und Geheimdienste, die dem Drogenhandel letztendlich ihre Existenz verdanken und bei einer Legalisierung tausende Mitarbeiter entlassen müssten, wodurch es obendrein nicht mehr möglich wäre, auf fremdem Staatsgebiet intervenieren zu können, haben kein Interesse an einer globalen Drogenfreigabe. Da eine Legalisierung im Übrigen auch nur dann Sinn macht, wenn diese von allen Ländern gemeinsam durchgesetzt wird, da staatliche Einzelgänge lediglich zu einem Drogentourismus der Konsumenten führen, ist die Theorie der Drogenfreigabe nicht mehr als bloße Utopie.

Versucht man nun in den großen Abnehmerländern – z. B. den USA und Europa – den Hebel anzusetzen, wird man feststellen, dass auch das keine befriedigende Lösung bringt. Ob es der Versuch war, mit hohen Strafen dem Drogenproblem entgegenzutreten oder die Bevölkerung über die gesundheitlichen Schäden aufgeklärt wurden (Aufklärung beschränkt sich allerdings zumeist auf legale Drogen, mit denen die westliche Gesellschaft meint, umgehen zu können, während die illegalen Substanzen immer noch ein Tabuthema sind, das vor allem die Eltern – oftmals auch aus Ahnungslosigkeit – nicht ansprechen wollen), in einer „degenerierte Gesellschaft", wie jener der westlichen Welt werden sich immer Personen finden, die Drogen konsumieren wollen.

Was bleibt, ist daher der Versuch, das Problemfeld Drogen in gewissen, tolerierbaren Bahnen zu halten, wobei dies allerdings unbedingt ein gemeinsames Vorgehen der beteiligten Staaten erfordert.

Würden etwa die USA nur einen Bruchteil ihrer Gelder, die sie in ihrem Krieg gegen den Drogenhandel ergebnislos verpulvern, in eine professionelle und intensive Aufklärung investieren, in die auch die Familien und Schulen eingebunden sind, könnte dies zwar nicht sofort, aber zumindest mittelfristig zu einem Umdenken in der Gesellschaft führen und den Drogenkonsum zu einem außer Mode gekommenen Verhalten werden lassen. Dieses Ansprechen der Problematik muss allerdings Hand in Hand mit einer Veränderung der gestörten sozialen Strukturen einer westlichen Wohlstandsgesellschaft einhergehen, um den jungen Menschen wieder Perspektiven und Ziele zu geben.

Da sich jedoch trotz der besten Aufklärung immer Personen finden werden, die zur Droge greifen, müsste diesen, sobald sie dafür bereit wären, maximale Hilfe zukommen, um ihnen ein Leben ohne Drogen zu ermöglichen.

Neben diesen Ansätzen bei den Konsumenten müssten aufgrund der realpolitischen Situation, die eben keine Legalisierung zulässt, die Regierungen der Anbauländer davon abkommen, bei der Drogenbekämpfung auf Solopfaden zu wandeln. Der Drogenhandel ist ein internationales Business, in dem Organisationen unterschiedlicher Länder engst zusammenarbeiten. Die Politiker Süd- und Mittelamerikas sollten daher endlich über ihre politischen Schatten springen und sich zusammensetzen, um gemeinsame Strategien festzulegen, anstatt ihre jeweiligen Nachbarn mit billigem Populismus für Selbstbeweihräucherungszwecke zu missbrauchen.

Um ein solches, effizientes gemeinsames Vorgehen auch tatsächlich zu ermöglichen, müssten allerdings sämtliche dieser süd- und mittelamerikanischen Länder zunächst ein ihnen allesamt anhaftendes Problem überwinden – die staatliche Korruption. Sei es Mexiko oder Kolumbien, Venezuela oder Ecuador – sie alle haben mit Hilfe ihrer korrupten Politiker der Drogenmafia erst die Chance gegeben, ihren jeweiligen Staat mit dem Mafiavirus zu verseuchen.

Solange daher Staaten wie Kolumbien ihre nationale Korruption nicht durch eine völlig neue politische Klasse sowie funktionierende staatliche Kontrollmechanismen in den Griff bekommen haben, wird die Drogenmafia – egal ob Guerilla, Paramilitärs oder sonstige Banden – weiterhin das Land kontrollieren.

Erst wenn die nationale Korruption in einem ersten Schritt auf ein vertretbares Maß gesenkt wird – was zugegebenermaßen jetzt wesentlich schwieriger zu realisieren ist, als das noch in der Anfangszeit der mafiösen Bandenbildung der Fall gewesen wäre – und die Mafia nicht mehr in der Lage ist, den politischen Ton anzugeben, könnten in einem zweiten Schritt auch in den süd- und mittelamerikanischen Ländern vernünftige Lösungen, in grenzübergreifenden, gemeinsamen Aktionen ausgearbeitet werden, die bisher neben der nationalen Korruption auch an den durch politischen „Machismus" hervorgerufenen Feindseligkeiten der Politiker gescheitert waren.

Diese Maßnahmen werden gemeinsam mit den Strategien der Nachfrageseite – etwa der Aufklärung – das Drogenproblem zwar auch nicht lösen, könnten aber zumindest eine Ausuferung verhindern und das Business in akzeptablen Bahnen halten, allerdings immer vorausgesetzt, dass die Staaten überhaupt ein ehrliches Interesse an einer Kontrollierung des Drogenhandels haben!

Nimmt man nun Kolumbien als konkretes Beispiel, könnte eine, wohlgemerkt auf Langfristigkeit ausgelegte, Zukunftsstrategie daher wie folgt aussehen (wobei man stets die realpolitische Situation vor Augen haben muss, dass eine Legalisierung der Drogen aus den bereits mehrmals genannten Gründen nicht in Frage kommt):

Bekämpfung der nationalen Korruption, d.h. in Wahrheit die Schaffung einer völlig neuen politischen Klasse, die in der Lage ist, die über Jahre gewachsenen Verkrustungen aufzubrechen und es auch schafft, die Bevölkerung zu überzeugen.

Versuch, die lokalen Banden in den Städten in einem Gleichgewicht zu halten, in dem sie bestimmte Spielregeln befolgen müssten, damit die Bevölkerung nicht zur ständigen Zielscheibe bei Revierkämpfen wird.

Drogenbanden, Guerilla und paramilitärische Nachfolgeorganisationen müssen als **ein** internationales Problemfeld gesehen werden, das nur im gemeinsamen Vorgehen mit den anderen süd- und mittelamerikanischen Staaten erfolgreich behandelt werden kann.

Einbeziehung der Abnehmerstaaten, die einen Teil ihrer Gelder, die sie für die Bekämpfung des Drogenhandels einsetzen, in eine professionelle Aufklärung (von der Familie bis hin zur Schule) und die Schaffung geänderter gesellschaftlicher Strukturen investieren müssen, um den Markt zu verkleinern.